暨南金融文库·博士论丛
主编 王 聪 副主编 蒋 海 黎平海

我国外资银行市场准入监管研究

姜 鹏 著

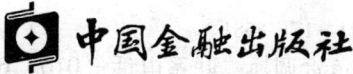
中国金融出版社

责任编辑：戴早红
责任校对：刘　明
责任印制：程　颖

图书在版编目（CIP）数据

我国外资银行市场准入监管研究（Woguo Waizi Yinhang Shichang Zhunru Jianguan Yanjiu）/姜鹏著．—北京：中国金融出版社，2011.12

（暨南金融文库·博士论丛）

ISBN 978 - 7 - 5049 - 6121 - 1

Ⅰ.①我… Ⅱ.①姜… Ⅲ.①外资银行—市场准入—银行监管—研究—中国 Ⅳ.①F832.3

中国版本图书馆 CIP 数据核字（2011）第 199073 号

出版　中国金融出版社
发行

社址　北京市丰台区益泽路 2 号
市场开发部　（010）63266347，63805472，63439533（传真）
网上书店　http://www.chinafph.com
　　　　　（010）63286832，63365686（传真）
读者服务部　（010）66070833，62568380
邮编　100071
经销　新华书店
印刷　保利达印务有限公司
尺寸　170 毫米 × 228 毫米
印张　11.5
字数　172 千
版次　2011 年 12 月第 1 版
印次　2011 年 12 月第 1 次印刷
定价　28.00 元
ISBN 978 - 7 - 5049 - 6121 - 1/F. 5681
如出现印装错误本社负责调换　联系电话（010）63263947

暨南大学金融研究所和
金融系经费资助

序

金融作为现代经济运行的神经中枢,其体系结构及运行质量对一国经济发展和居民生活的影响越来越重要。相应地,金融学作为经济学科桂冠上一颗最耀眼的明珠,已经成为上至国家领袖、下至平民百姓的必修课程。

中国在迈向市场经济的进程中,面临着经济体制的转轨和发展模式的转型,金融体制的改革与发展成为这个过程中重要的核心环节。这既需要我们认识并顺应经济系统和金融体系的演进理性,又需要决策者的调控与规制建设。全方位、多层次的问题摆在我们面前,其广度,其深度,其复杂性,远比发达经济体成长过程中所经历的要深刻。

成立于1906年的暨南大学是中国最高华侨学府。始有暨大,便有商科。1918年,应南洋华侨的需要,暨南大学开设商科。马寅初、王亚南等经济学家曾先后执教于此。1958年暨南大学在广州重建,汇集蔡馥生、赵元浩、黄德鸿、张元元等一批在经济学和金融学界颇有名望的专家学者。

伴随着中国的改革开放,依托地缘优势和侨校优势,暨南大学的金融学科不断成长、不断壮大。暨南大学金融学科点历史悠久,其前身是1925年创办的银行理财学。1978年暨南大学复办后即受香港中国银行集团委托在国内率先开办了国际金融专业,并于1979年开始招收本科生,此后又陆续设置货币银行学专业、证券投资学专业、保险学专业,1998年根据教育部的统一要求并称为金融学专业。1983年开始招收硕士研究生，1998年获博士学位授予权，1999年开始接收博士后进站科研人员，2003~2006年连续被评为广东省重点学科，2003年成为广东省名牌专业，货币银行学课程和国际金融学课程先后于2003年和2006年被评为广东省精品课程，2005年校金融研究所被评为广东省人文社科重点研究基地，2007年被评为国家重点学科，为学校金融学科的进一步发展提供了新的、更高的平台。暨南大学金融学科点自建立以来，始终全面贯彻党的教育方针，坚持"从严治校，从严治教，从严治学"的办学思想，从侨校的特色出发，不断深化科研与教学改革，在科研管理、课程体系、教学管理、教学手段等方面为造就适应经济发展的高素质金融人才进行了有益的探索。经过二十多年的建设和发展，本学科在学术队伍、科学研究、人才培养、学术交流、为政府决策提供咨询服务、为地方经济及企业发展提供服务等各方面都取得了显著成就，学术水平和研究成果在全国有着重要影响，在全国金融学科中具有较大的影响力，在华南居于领先地位，被《金融时报》誉为"华南地区金融教学科研的一个重要基地"。

金融学在近三十年来发展迅猛，正在形成宏观金融理论和微观金融理论并行发展的趋势。一方面，金融的宏观问题或宏观金融问题越来越复杂，传统的金融基础理论可能面临着深刻的挑战，需要重新思考和研究这些基础性理论。具体到我国金融学当前的发展，存在如下一些重要研究方向：比如以规范研究与实证研究相结合，研究我国货币政策问题，包括货币政策的目标、货币政策传导机制、货币政策效应等；研究我国实体经济与金融市场发展是否协调，金融市场、金融技术的发展如何促进或制约实体经济的发展，从而为金融市场建设提供政策决策支持。

另一方面，金融研究越来越呈现出微观化的趋势。具体到我国金融学当前的发展，存在如下一些重要研究方向：例如，从制

序

度缺陷入手研究投资学和金融资产定价问题；从金融制度层面研究金融机构的成本、效率和风险问题，进行制度创新；又例如，法和金融结合的研究，使得金融体系的形成与发展具有突破性进展，深化了金融学研究的内涵，拓展了金融学研究的外延等。也就是研究新兴市场的理论，将心理学、社会学、法学等多学科的研究成果纳入金融学的研究框架中，从而形成新的金融理论。相关研究在国内尚处于起步阶段，还需要结合中国经济金融发展的实际，深入地进行大量的基础理论和实证研究。

与此同时，从金融学研究方法的发展趋势来看，呈现出数理分析化和交叉性两大主要趋势。数理分析化趋势以理工领域的最新发展很快应用到金融领域为标志；交叉性趋势则以制度分析、行为分析和心理分析在金融领域的广泛应用为标志。另外，工程与实验方法也被引入金融学，金融工程与金融实验得以快速发展。

暨南大学金融学人在全方位、多层次地研究与探索。为了记录暨南人把握时代机遇、迎接现实挑战的努力与汗水，为了反映暨南园金融学科的建设水平，为了记录暨南人面对改革与发展所展现的经济学智慧、创新意识与开拓精神，为了反映暨南园对我国经济金融发展、粤港澳经济金融繁荣所作的贡献，我们特此设立了《暨南金融文库·博士论丛》并予以出版。该文库涉及国际金融与金融产业组织、资本市场与公司金融、微观金融理论与实证、现代金融理论与政策等方面的内容，结合金融全球化和我国金融开放改革的实际，在探索中国货币、金融理论体系和政策体系方面出版了一批研究成果。力争在国际金融理论、华人华侨资本与国别金融、国际金融热点和前沿问题的研究方面，结合中国实际，探索中国涉外金融理论、制度及运作问题；力争从微观层面研究资本市场运行规律，研究资本市场定价、交易成本、流动性与资产定价之间的理论与经验关系，为规范与发展我国证券市场提供重要的理论与实证依据；力争在上市公司的竞争优势、长期绩效和成长能力方面，为推动我国上市公司的持续健康发展提供重要的理论和经验依据。

暨南大学校长　胡　军
2009 年 2 月

目 录

1 绪论 ··· 1
  1.1 研究背景及意义 ··· 1
  1.2 研究思路和篇章结构 ··· 3
  1.3 研究方法 ·· 4
  1.4 创新之处与不足之处 ··· 5

2 外资银行监管理论综述及国际惯例 ································ 6
  2.1 外资银行监管理论综述 ·· 6
  2.2 外资银行市场准入监管的原则及准入要求 ············ 15

3 我国外资银行市场准入监管分析 ·································· 18
  3.1 外资银行的界定 ·· 18
  3.2 外资银行的风险特征 ··· 19
  3.3 我国外资银行的发展历程 ··································· 29
  3.4 我国外资银行市场准入监管现状分析 ··················· 32

4 外资银行市场准入监管的博弈分析 ······························· 45
  4.1 监管的成本—收益分析 ······································· 45
  4.2 外资银行机构准入监管的完全信息静态博弈
       模型 ··· 54
  4.3 外资银行机构准入监管的不完全信息动态博弈
       模型 ··· 64

4.4　外资银行业务准入监管的不完全信息动态博弈
　　　　模型 …………………………………………………… 68

5　外资银行监管的国际比较 ………………………………… 72
　　5.1　外资银行监管的三道防线 ………………………………… 72
　　5.2　外资银行市场准入制度的国际比较 ……………………… 73
　　5.3　外资银行市场运营制度的国际比较 ……………………… 79
　　5.4　外资银行市场退出制度的国际比较 ……………………… 91
　　5.5　发达国家和地区监管模式比较 …………………………… 95
　　5.6　监管政策原则的国际比较 ………………………………… 97

6　外资银行违规案例分析 …………………………………… 99
　　6.1　国际商业信贷银行（BCCI）倒闭案例分析 ……………… 99
　　6.2　巴林银行事件 …………………………………………… 103
　　6.3　中国银行纽约分行违规案例分析 ………………………… 107
　　6.4　瑞银事件 ………………………………………………… 109

7　外资银行监管的国际协调和合作 ………………………… 111
　　7.1　外资银行监管的国际协调和合作概述 …………………… 111
　　7.2　外资银行监管的国际协调和合作的理论与模型
　　　　分析 …………………………………………………… 113
　　7.3　外资银行监管的国际协调和合作机制 …………………… 118
　　7.4　我国参与外资银行监管的协调和合作的现状与不足
　　　　之处 …………………………………………………… 121
　　7.5　对我国参与外资银行监管国际协调和合作的建议 ……… 122

8　我国外资银行市场准入监管的实证分析 ………………… 125
　　8.1　变量的选取 ……………………………………………… 125
　　8.2　计量方法 ………………………………………………… 126

8.3　数据来源 …………………………………………… 127
　　8.4　实证分析 …………………………………………… 130

9　结论与建议 ……………………………………………………… 140
　　9.1　主要结论 …………………………………………… 140
　　9.2　政策建议 …………………………………………… 141

附录1　中国银行业对外开放大事记 ……………………………… 146
附录2　在华外资银行机构设立申请条件 ………………………… 148
附录3　在华外资银行高管人员申请条件 ………………………… 149
附录4　1985年外资银行允许从事的业务 ………………………… 150
附录5　1994年外资银行允许从事的业务 ………………………… 151
附录6　2006年外资银行允许从事的业务 ………………………… 152
附录7　市场准入监管实例 ………………………………………… 153

参考文献 …………………………………………………………… 155

后　　记 …………………………………………………………… 170

1 绪 论

1.1 研究背景及意义

1.1.1 研究背景

伴随金融全球化，国际金融的动荡已成为常态。由于金融机构、金融工具和金融市场之间的密切联系和相互依赖，大大增加了金融风险跨国传递和金融危机国际蔓延的途径、机会和速度，也使得金融风险和金融危机的后果更为严重，影响更为深远，经济金融运行状况在国家之间的影响程度也随之不断加深，2008年金融危机更是有力地证明了这一点。同时，由于现代通信、交通技术的不断发展，现代经济已越来越具有经济金融化的时代特征。金融创新使得跨国资本在国际间的流动也更加方便和快速，甚至更加隐蔽，而这些流动资本对金融稳定产生了巨大的影响，具体来说，20世纪90年代以来，经济全球化向纵深方向发展，国际金融业呈现出两大趋势：

一是金融市场的创新速度日益加快。现代银行业诞生以后，金融机构、金融市场乃至整个金融体系、国际货币制度都经历了数番金融创新，整个金融发展史就是一部在发展中不断创新、在发展中不断加强监管的历史。近年来，发达国家开始放松对金融业的管制。美国在1999年颁布《金融服务现代化法案》以后，取消了银行、证券、保险之间传统的跨业经营限制。"金砖四国"等一些新兴市场经济国家也纷纷加快了金融自由化步伐，放松或取消金融管制，为金融发展创造更加宽松的制度和条件。与此同时，世界金融业的并购、整合加快，创新能力和风险管理能力提升，金融格局正在发生重大变化。银行的作用正在发生变化，在发放贷款和其他种类信用工具时，银行越来越多地考虑将其证券化，卖给其他市场参与者。在这一格局下，银行致力于信贷产品发放、证券化，并因其交易产品而逐渐成为新的风险中心。为此，银行与证券公司一起积极致力于主动风险管理。同时，信贷发起和推介越发依赖资本市场也在一定程度上抑制了市场参与者的创造力。比如，一些产品不仅在出售之前将同类贷款打捆，还根据不同的风险特征将形成的证券划分出了层次；此外，为规避新的、日益复杂的风险而开发的场外衍生产品的数量迅速剧增。这些变化会加强金融体系的抵御能力，但同时也带来了更多风险，需要银行监管机构和整个行业密切监督。从广泛意义上说，今天银行业面临的很多问题都是由于现有的风险管理设施不能满足市场创新的迅速发展所致。新的金融产品迅速涌现，加之各种参与者越来越多地进入市场，这常常会制约银行管理相关风险的能力。如果这些问题不能及时、恰当地得到解决，就会对金融市场的稳定性带来严重后果。因此，各国监管当局有必要深入了解在市场创新不断发展的情况下，诸如交易对手的信用风险、市场风险、流动性风险和操作风险等风险管理的完善进展程度。

二是金融全球化趋势进一步加强。由于在过去20年中金融市场日趋自由化，迅速发展的经济体为投资者提供了越来越多的市场机遇，境外开展的银行业务与日俱增，这一点在资本市场中体现得尤为突出。由于跨境收购和兼并的增加，越来越多的国家有外国银行进入其市场。另外，金融市场交易自动化与金融产品标准化为跨国银行提供了更大的空间，跨国银行拥有广泛的国际网络，它们从全球目标出发，采用全球经营战略经营广泛的国际业务，统一调配全球资源，这些给国际统一监管提出新的挑战。跨国银行利用东道国和母国监管制度的差异和不协调，通过调整其结构和业务，进行跨国、跨行业套利，严重影响了国际银行体系的稳定。随着银行业务的国际化，尤其是以金融衍生产品为代表的表外业务的蓬勃兴起，单一信用风险的监督机制已经不合时宜。因此，对信用风险、市场风险、流动性风险、国家风险、操作风险、法律风险、系统性风险等各种风险实行全面管理，已成为国际银行业监管的一个重要趋势。

1.1.2 研究意义

随着我国银行业对外全面开放，外资银行在我国的机构数量、业务量、业务范围不断扩大，外资银行对我国银行业、外商在华直接投资及我国宏观经济调控必将产生越来越重大的影响。然而，当今国际金融环境跌宕起伏，金融创新日新月异，外国银行的涌入可以带来适用于大型金融集团的、更为精密的风险管理工具，但我们也要清醒地看到外资银行的进入可能带来巨大的金融风险。一方面，外资银行的业务跨越了更广泛的行业和区域，银行的业务操作和风险管理框架都日趋全球化，外资银行面临着更为复杂的经营环境，往往比内资银行具有更广泛的国际性债权债务关系，这将直接影响到我们的银行监管方式，外资银行特殊的风险特征对我们的银行监管标准和体系提出了新的挑战。另一方面，由于中国金融业的内在脆弱性以及中外银行业实力的悬殊，外资银行的纷至沓来会挤压冲击国内银行业，从而引起稳定性风险。美国的次级债危机以及东南亚金融危机就是最好的例证。因此，采取适当的政策与监管措施，引导外资银行充分发挥积极作用，尽量减少外资银行的不利影响就成为我国银行监管体系的一项紧迫任务。因此，在我国银行业全面开放和全球金融危机下，进一步开展外资银行准入监管的研究，对于我国完善银行业的监管，加强我国在金融危机下的金融安全和经济安全有着特殊的意义，同时对于完善我国银行监管理论特别是外资银行监管理论有着重大的意义。

1.2 研究思路和篇章结构

本书首先分析了当前国际金融环境和形势，进而提出研究的主题——外资银行准入监管，接着分析我国外资银行准入监管的现状，并指出外资银行准入监管中存在的问题。然后建立理论博弈模型，详细分析了外资银行准入过程中我国外资银行和监管当局之间的策略行为，得出行为规律。基于前面的理论分析，本书的后半部分分析和总结了发达国家和地区的外资银行准入监管方面的经验，并对我国外资银行准入监管进行了实证分析，最后得出结论并提出政策建议。

第1章：绪论，确定本书的研究主题，介绍了选题的背景及意义，并提出了本书的研究视角。

第2章：回顾和总结外资银行准入的相关理论。

第3章：总结我国外资银行的发展历程，分析了我国外资银行准入监管的现状，并指出外资银行准入监管中存在的问题。

第4章：建立外资银行监管的成本收益分析框架，从机构准入和业务准入两个角度分析外资银行和监管部门之间的行为特征。

第5章：外资银行监管的国际比较。

第6章：外资银行违规案例分析。

第7章：外资银行监管的国际协调和合作。

第8章：我国外资银行市场准入监管的实证分析。

第9章：结论与建议。

1.3　研究方法

本书注重理论与实际相结合、国外与国内相结合、现实与发展相结合，详细分析了外资银行监管过程中监管主体与监管对象之间的互动机制，对发达国家和地区的外资银行市场准入进行比较分析，最后实证分析了我国监管政策与外资银行组织结构之间的关系。

（1）规范分析和实证分析相结合。规范分析和实证分析是现代经济理论研究中广泛应用的方法，两者的结合可以说明是什么，又说明为什么和应该怎样的问题。本书首先阐述外资银行的概念、存在形态以及风险特征，解释了经济问题的"是什么"；其次着重分析了外资银行与监管者之间的互动机制，解释了经济问题的"为什么是这样"；最后运用规范分析的方法论述外资银行监管的缺陷、发展趋势以及对策，即"应该是什么"。

（2）抽象与具体相统一、历史和逻辑相结合。在对金融监管制度发展途径的研究中，不可避免地要对国外外资银行监管制度进行回顾，这种回顾为研究各国外资银行监管制度的研究提供参考，从中归纳、推导出外资银行监管的发展趋势。

（3）比较分析法。本书对世界发达国家和地区关于外资银行在机构准入条件和业务开放程度等方面的监管作了详细的比较，对分析我国外资银行准入监管的研究作了有益的补充。

（4）本书采取了理论与实际相结合的研究方法，并融合了信息经济学和新制度经济学等前沿经济学的观点和分析方法，采用数理模型分析的方法，力图使理论问题和实践问题的分别讨论有机地结合在一起，而且尽量使自己的理论分析符合客观实际。

1.4 创新之处与不足之处

本书主要创新之处有：

第一，研究视角方面，目前针对外资银行组织机构的研究，理论界侧重于负债结构与组织结构的关系上，普遍的推理逻辑是，监管政策决定外资银行组织结构，组织结构决定负债结构。然而在全球化的国际金融市场上，负债结构又会影响监管结构，监管结构又会影响监管政策，何处是起点，何处是终点，监管的平衡点是什么？这正是本书要回答的问题。本书通过建立理论博弈模型，外资银行和监管当局进行互动博弈，最终得出外资银行和监管当局的占优策略行为，在组织结构（业务机构）和监管政策之间取得均衡。

第二，研究方法方面，将信息经济学与经济学的成本收益理论结合在一起。在理论分析方面，先建立外资银行监管的成本收益分析框架，然后就机构准入和业务准入两个方面，对外资银行监管展开静态和动态博弈分析，得出外资银行进入和监管当局的行为规律。

第三，实证方面，就我国三次重要的金融政策对外资银行进入影响的显著性作了实证分析，而且进一步分析了监管政策对我国外资银行具体进入形式的影响。实证回答了两个问题，一是监管政策是否影响外资银行进入程度；二是监管政策是否影响外资银行的进入形式。

本书主要研究我国外资银行的进入监管，对进入监管的效果评价没有涉及，原因有两个：一是国内外目前没有关于外资银行监管效果评价的研究框架和范式；二是我国外资银行开放的过程较短，前30年大部分时间内，我国对外资银行基本上持关闭政策，目前的监管政策仍然处在摸索和借鉴阶段。随着研究的深入和我国外资银行开放的深入，相信这方面的研究会有所突破。

2 外资银行监管理论综述及国际惯例

自20世纪70年代以来,随着经济全球化和外资银行的迅猛发展,外资银行监管问题受到了国外学者的高度关注,外资银行监管理论是在国际投资理论、银行监管理论和国际金融理论等基础上发展起来的。监管的理论依据方面,它和银行监管理论是一致的,但与国内商业银行相比,外资银行具有跨国属性,在形成动因和风险特征等方面有其特殊性,本章将主要阐述外资银行监管的主要理论基础,以及外资银行市场准入的国际惯例、准入要求、准入模式。

2.1 外资银行监管理论综述

2.1.1 外资银行的国际监管理论

外资银行的国际监管主要集中在《巴塞尔新资本协议》与外资银行监管的效果上。为了统一资本和监管要求,建立公平竞争的国际金融环境。英国和美国监管当局促成了巴塞尔委员会的谈判,《巴塞尔新资本协议》是为国际性银行设计的,但它实际上变成了国际通行的标准。随后,发展中国家的监管者试图抛弃直接管制的监管方式,转而学习审慎监管的现代方式。[①] 以资本监管为核心的微观审慎监管是当今国际银

---

① 2004年《巴塞尔新资本协议》出台,《巴塞尔新资本协议》由三大支柱(最低资本充足率要求、监管当局的监督检查、市场约束)组成。《巴塞尔新资本协议》延续了1988年《巴塞尔资本协议》的做法,分析银行的单个风险,但是其内部评级法考虑到了资产之间的相关性。该协议更重视资本比率,并促进计量的统一,但是由于执行和其他因素的影响,这方面的进步仍然相当有限。

行业监管的核心。《金融中介研究》(Journal of Financial Intermediation)出专刊分析了《巴塞尔新资本协议》条件下资本监管标准的差异性及相关问题。Von Thaddend 作了一定的概括，他认为《巴塞尔新资本协议》计算最低资本充足率的方法有四种，其中的区别在于，在较简单的方法中，信用风险的风险权重是从出口信用机构或评级机构取得的；在较为复杂的方法中，可以用银行内部模型来计算违约概率和违约损失率。《巴塞尔新资本协议》允许外资银行采取高级风险建模方法，持有较低的资本充足率。如果外资银行执行《巴塞尔新资本协议》中更高级的部分，这将给发展中国家的监管者带来挑战，外资银行在进入发展中国家时会出现母国—东道国监管协调问题。安德鲁·鲍威尔（Powell Andrew）仔细比较了《巴塞尔新资本协议》和1998年《巴塞尔资本协议》，对资本充足引发的监管标准不一致的问题进行了详细说明。《巴塞尔新资本协议》支柱Ⅱ授予监管人员权力，使得他们可以根据自己对银行风险的判断要求银行持有比最低资本充足率要求高的资本。由于各国的监管标准不一样，那么银行就可以选择国家开展业务，这样会导致不同国家银行系统经营业绩的差异，从而出现监管套利的现象。此外，在一个制度建设较差的环境下，自裁权会导致权力滥用以及官员的"寻租"行为。

Dell'Ariccia 和 Marquez（1999）研究表明，监管者竞争所产生的资本充足要求低于统一监管下的要求。他们还研究了集权化的监管机构成立的条件，得到两个基本结论：第一，一个集权化的监管机构成立的必要条件是各国监管者监管标准与目标差别不大；第二，在各国基本国情和金融环境不对称的前提下，统一的监管优于各自独立监管，统一监管时制定的监管标准高于各自独立监管制定的标准。集权化的成本主要指灵活性的丧失，在不对称的情况下更加突出，集权化的监管机构由于政治上的原因，不可能或者很难针对不同国家制定不同的标准。制度相近的国家较容易达成监管联盟，最典型的集权化监管就是欧盟，而差别较大的国家宁愿独立自主。即使在相近的国家中，集权化的监管机构制定的标准也要高于各国独立制定标准中的最大标准，由于经济全球化、金融全球化，面临严格的监管时，跨国银行会望而却步，监管标准的提高也将抑制本国银行业的发展，对本国银行业产生不利的影响。迫于竞争压力，为弥补和抵消这种影响，监管当局不得不降低国内商业银行的监管要求或者提高外国银行的监管要求。金融全球化的加快将不但影响到对母国银行监管的效果，而且波及这些银行的海外业务。

2.1.2 外资银行组织结构理论

外资银行的存在形式主要有四种：子行、分行、代理行和代表处。以上四种组织形式中，后两种不是营业性经营机构，只有子行和分行才是跨国银行发生实质性进入的有效组织形式，它们是各国法律法规针对跨国银行进行重点管制和规范的对象。外资银行的海外扩张过程实际是跨国银行全球扩张的过程。Houpt（1999）和 Bain 等（2003）利用美国的外资银行对子行和分行两种形式进行了全面系统的研究，研究表明，无论是美国在国外的跨国银行还是美国境内的外资银行，分行形式远远超过子行形式。大部分新兴国家也一般以分行为主。而 Ball 和 Tschoegl（1982）、Ursacki 和 Vertinsky（1992）、Blandon（1999，2000）对银行规模与外资银行组织形式之间的关系进行了研究。研究表明，银行的规模和外资银行的实践经验对东道国有很强的影响，子行形式更适合东道国，外资银行具体选择何种形式主要取决于管制的限制和公司的策略。

Calzolari 和 Lóránth（2005）通过一个模型，详细分析了保险制度、负债结构对跨国银行监管的影响。他们认为跨国银行的组织形式决定了负债结构，进而决定了监管结构。分行在法律上不具有独立的法人资格，母行与分行之间、分行与分行之间存在着连带责任，母国监管机构承担着主要的监管权，同时承担母行和分行的存款保险责任，东道国监管机构只承担分行的流动性监管。相反，子行是独立于母行之外的法人，它是东道国注册的独立法人，它以自己的全部资产对自身负债进行担保，一旦破产，多余债务必须求助于东道国政府，而母行以及其他子行只负有限责任，以出资额为限。根据权利义务对称的原则，东道国的监管机构有着较为完整的监管权，子行主要受东道国的法律制约。同时，东道国政府对子行的存款保险负责。不同的监管权力导致不同的监管激励。分行更多地被东道国视做外国银行，而子行则被视做国内银行。当分行发生危机时，由母行统一办理清算手续；当子行发生危机

2 外资银行监管理论综述及国际惯例

时,母行可以拒绝救助;相反,母行发生危机时,分行直接清算倒闭,子行独立运行。① 对分行和子行干预的最大不同之处在于:(1)监管机构对他国存款保险的责任;(2)补偿存款保险的资产来源。两家机构的共同债务将提高监管激励,而两家机构的存款保险将降低监管激励。

Dalen 和 Olsen(2004)在 Giammarino 等(1993)的基础上,从契约理论出发,分析了跨国银行对银行业监管的影响。同时他们还论证了在既定的监管制度下,跨国银行应采取的最佳组织结构。当跨国银行以子行的形式开展国际业务时,需要遵循不同国家的监管法律,国际监管协调能一定程度地解决跨国银行的监管问题,达成了最低标准与监管原则的一致性意见,比如欧盟条款和《巴塞尔新资本协议》,但是各国的监管仍保持一定的独立性。他们还就在不同组织形式下统一监管和分权监管的效率问题进行研究,研究表明,对子行的监管实际上是一个分权监管条件下多委托人的监管问题。缺少国际协调的分权监管会产生监管竞争现象,从而降低了资本充足要求,均衡时监管机构有提高资产质量的动机,对银行破产缺乏敏感性,并且不同国家之间容易出现由监管引起的宏观经济的蔓延和冲击。如果跨国银行采取分行的组织形式,母国将对集团实行统一监管,既保证了监管的全面性,也保证了审慎性。分行的组织形式把监管集中到一个监管实体上,解决了监管竞争,规避了跨国银行的监管套利行为,同时会产生母国偏好(Home - bias)的现象,并对银行破产的期望成本分散化。分散化效应会增进社会福利,对分行组织形式下的跨国银行的监管合作会使总福利最大。他们认为,分权情况下监管博弈实际上就是一个共同代理问题,他们指出了监管无效的根源,推导了监管机构对跨国银行的最优反应,并解释了跨国银行对组织形式选择的逻辑。

Harr 和 Ronde(2004)分析了分行体系与子行体系下的最优资本监管。银行所有者享有追逐风险所产生的正收益,但对于其负面结果却因其有限责任而大部分得到保护,这会引诱他们追逐或者隐藏风险,导致行业的逆向选择和道德风险。提高资本充足要求可以在一定程度上抵御

---

① Houpt, 1999; Calzolari 和 Lóránth, 2001。

这种风险,增加破产时的股东损失而降低银行的赌博动机。在低风险时,分行体系有明显的优势,通常一个较低的资本充足要求就能保证分行的审慎投资,它可以以银行资本的形式节约私有资金。当外生风险较高时,就面临着道德风险和逆向选择问题,为了防止投机行为,必须提高分行体系的资本充足要求。当外生风险适中时,如果监管机构能够观测到跨国银行的类型,并选择其组织结构和资本充足要求。监管机构一般也会选择子行体系。当监管机构不能观测到跨国银行的外生风险时,会出现两个阶段的博弈过程,监管部门分别针对分行体系与子行体系提出了不同的资本充足要求,然后跨国银行据此决定组织结构。子行组织体系具有双重有限负债(Double Limited Liability)的优点,单个子行发生危机不会危及其他子行和母行,不存在相互感染的问题。总之,分行体系具有节省资金的优势,而子行体系具有抵御风险的优势,分行体系适合安全型的银行,子行体系适合风险型的银行。甄别是有成本的,我们只需调整资本充足率就可以区分两类银行体系。调高资本充足要求使部分银行选择子行体系,设置较低的资本充足要求就可以使部分银行选择分行体系。分行体系的资本充足要求应该比子行体系的对银行的整体稳健性更敏感,而《巴塞尔新资本协议》没有考虑到跨国银行的负债结构,为使分行体系更有吸引力,资本充足要求应比子行体系的较低。他们还举例说明了多个监管主体的监管机会主义行为,由于监管的溢出效应,资金成本与其他国家共同承担,监管机构有提高子行体系的资本充足要求的激励。一个有关跨国银行的权威结论是,分行体系的多样化可以有效地降低系统风险,某一银行集团下的多家分行之间实际上起到共同担保的作用,分行体系比单一的银行体系不易破产,为了确保商业银行在同一水平下展开国际竞争,监管机构往往对母行和国外银行制定相同的资本标准。而 Lóránth 和 Morrison(2003)的研究却表明,在相同的资本要求下,多国监管的差异性使得国内银行和跨国银行不可能在同一水平下展开竞争。

2.1.3 外资银行进入效应理论

Dell'Ariccia 和 Marquez(2003)对监管结构、监管溢出效应和监管效率三方面作了进一步研究。(1)研究表明,由于监管的溢出效应,

2 外资银行监管理论综述及国际惯例

监管机构之间的竞争导致资本充足要求低于统一监管下的要求。银行监管带来收益，同时需要付出成本。银行监管的收益是，通过监管可以增强银行系统的稳定性，提高金融体系的效率，增进社会福利。当东道国加强银行监管强度时，如提高资本充足率将增强国内整个银行系统的稳定性，降低银行倒闭的可能性，较高的资本充足要求不仅提高了本国的银行体系的稳定性，同时降低了外资银行破产的概率。银行监管成本主要包括维持金融监管机构日程运作的体制成本、金融机构为遵从监管要求而付出的遵从成本和结构成本等，造成整个社会福利降低，比如压制金融创新、损害竞争等。监管收益的受益者为国内银行和外资银行共享，而监管的成本完全由东道国承担。这种正的溢出效应涉及不同的监管主体，而独立监管无法将其内部化，因此分权监管的标准要低于集权监管的标准。为了防止"搭便车"现象，东道国和母国将会展开监管竞争，竞争的均衡结果是次优监管强度，各国都降低监管标准，这样必然会降低金融系统的安全性，从而降低总福利。另外，监管机构出于利益私心，往往更关心国内银行的股东利益，于是通过降低资本要求使其与国外银行相比更具竞争力。从危机处置角度来看，如果外资银行陷入困境，各国监管机构首先考虑的是本国利益，容易忽视对方国家的利益。因此，在银行危机处置中，可能出现谁都不愿先行动，而等待对方先行动的"搭对方便车"现象。后行动方可以通过先行动方的行为获得更多信息，使自己处于更优地位，采取自己利益最大化的策略行为。这种机会主义行为往往贻误处置的最佳时机，造成损失扩大。（2）Dell'Ariccia 和 Marquez（2003）发现，金融整合方式决定着监管溢出效应和本国监管效率，金融整合方式体现在国内外银行贷款替代性方面，替代性与溢出效应的规模呈正向关系，替代性越强，溢出规模就越大，建立监管联盟越有利。替代性不强时，譬如国外借款者相对国内借款者成本更低，溢出效果存在不确定性。

Holthausen 和 Ronde（2003）利用信息经济学研究跨国银行分行的关闭决策问题，他认为多头监管者的利益不完全一致时，东道国往往会隐匿部分信息，母国监管者不能掌握全部信息，因此最优的关闭政策就不可能实施。《巴塞尔新资本协议》规定了母国并表监管、东道国流动性监管的原则，尽管像资本充足要求、资产负债表等这些硬信息在银行监管当局之间充分流动，但是很难获取软信息，比如市场上有关某家金融机构的谣言、有关借款人的非正式信息等。他们通过建立模型，分析了多头监管情况下软信息在不同国家之间的传递过程。模型如下：一家银行通过分行在东道国的经营项目，按照巴塞尔原则，东道国负责外资银行分行的流动性监管，而母国对外资银行分行进行并表监管，银行的各项活动主要受母国监管机构的审查，母国监管当局有权决定是否关闭银行，母国决策的依据源于自己掌握的信息和东道国监管者所提供的信息。但是，两国监管者都有涉及关闭决策的私人信息，均衡时，关闭政策存在两种可能，第一种可能是银行应继续经营却被关闭，第二种可能是银行应被关闭却继续经营。监管者的利益越一致，信息交流就越充分，关闭政策带来的福利就会越大。银行为逃避关闭，会选择跨市场套利，会策略性地在两国间配置投资项目。当两国利益不一致时，就会同时在两国投资；当两国的利益相当一致时，银行就会把投资集中在关闭政策较宽松的一个国家。由于母国监管者的关闭决策要部分基于东道国传递的信息，东道国监管当局出于本国利益的考虑，可能会掩盖或者扭曲部分信息，当信息由于利益的冲突而失真时，关闭银行的概率就会较低。国际清算银行（Bank for International Settlements）的一些研究成果强调，对跨国银行的审慎监管需要监管者的信息交流和关闭的协调，但是如果监管者的利益有很大差异的话，即使存在信息交流的适当渠道，当前的管制框架仍不能有效运行。

Scher 和 Weller（1999）指出国外银行会"摘樱桃"（Cherry-picking），即他们只接受东道国高质量的项目或者高端客户。Lóránth 和 Morrison（2003）的研究表明，走高端路线只不过是受保护的国外银行对负债结构的理性反应。

2.1.4 外资银行跨国经营管理理论

外资银行在东道国设立分支机构的相关问题取决于两方面的因素：东道国引力因素和母国的推动因素。

关于引力因素，李罗杰（Lee Roger）与施密特·马韦德（Ulrich Schmidt-Marwede）在分析金融中心的竞争力时，认为四项条件会影响金融中心的竞争能力和吸引力，它包括可用的基础建设（Enabling In-

2 外资银行监管理论综述及国际惯例

frastructure)、现有商业环境（Built Environment of Commerce）、金融中心规模（Size）和生产力（Production）。盖瑞格（Thomas Gehrig）从金融中心的向心力（Centripetal Force）与离心力（Centrifugal Force）加以探讨，认为会产生向心力的因素包括支付系统的规模经济、信息外溢及流动性和广大市场的外部性；产生离心力的因素则是进入市场的成本与协商、寻租（Rent – Seeking）与政治干预和当地化的信息。除了上述对国际金融中心本身条件的探讨外，引力模型（Gravity Model）理论认为两国的经济规模与距离会影响直接投资。引力模型原先应用在国际贸易方面的研究，其含义为，两国的贸易活动程度是两国经济规模的正函数，是两国间距离的反函数，乔凡尼（Julian Di Giovanni）以引力模型分析 1990~1999 年银行业跨国并购现象，实证结果支持引力模型的预期，即银行是否会到另一国直接投资与距离成反比，与经济规模成正比，但在福卡雷利（Dario Focarelli）与普若罗（Alberto Franco Pozzolo）的实证中，发现距离对银行是否进行海外扩张有正面影响，同时认为可能是为了服务顾客，而必须在不同时区进行海外扩张。另外，追随顾客（Follow the Customers）理论认为，当顾客跨国移动时，多国籍银行会追随顾客而到当地设立分支机构，提供顾客所需的金融服务，这可视为是多国籍银行的防御性策略（Defensive Strategy），以避免银行与顾客间的长久关系被破坏。实证文章中，葛罗斯（Grosse Robert）与戈德堡（Lawrence G. Goldberg）分析外国银行进入美国的程度与外国银行在美国的顾客之间的关系，结果显示进入程度与银行在美国的顾客正相关，支持追随顾客理论；费雪（Adlai Fisher）与莫利纽兹（Philip Molyneux）的文章结果显示，在伦敦的外国银行家数与银行的员工人数，与母国和英国间的双边贸易存在显著正向关系；艾斯培蓝卡（José Paulo Esperanca）与古兰豪森（Mohamed Azzim Gulamhussen）则将顾客由传统的企业顾客延伸至自然人顾客，分析外国银行到美国投资的资产与分支机构和银行母国人民在美国的移民人数与居留人数的关系，结果显示，银行除了追随企业顾客外，也会追随自然人顾客，支持追随顾客理论。周秀霞与沈中华针对台湾的研究中，将顾客延伸至劳工顾客，实证结果显示外国银行会追随企业顾客与劳工顾客至台湾进行海外扩张，设立更多的分支机构，并增加财务方面的投资。

金融机构是否会进行海外扩张还受到推动因素的影响，例如母国的相关特质和银行本身的条件等因素，皆会产生推动效果（Push Effect）。探讨推动效果的理论则包括折衷理论与比较利益理论。邓宁（John H. Dunning）的折衷理论（Eclectic Theory）认为，多国籍企业必须拥有厂商特有优势（Ownership Specific Advantage）、区位优势（Loc-ation Specific Advantage）和内部化优势（Internalization Advantage），才能与东道国企业竞争，此理论所探讨的三种优势同时包含了推动与吸引因素，安东尼奥（Paolo Di Antonio）、马里奥蒂（Sergio Mariotti）与比斯赛特罗（Lucia Piscitello）采用折衷理论探讨意大利银行的海外扩张，实证结果显示厂商特有优势愈大（规模较大或国际经验较多），银行愈容易扩张至国外市场；为了维持已存在的客户关系，银行倾向于扩张至有母国企业的东道国，以取得内部化优势，至于东道国的条件也是吸引外国银行的因素，如规模较大且发展完善的金融市场、风险较低的国家，银行海外投资的涉入程度（Higher Level of Commitment）会较高。莫西仁（Fariborz Moshirian）的实证发现，双边贸易、银行的国外资产、资金成本、相对经济成长、汇率及非金融部门的对外直接投资，是主要影响银行业对外直接投资的决定因素。毕文（Alan Bevan）、艾斯群（Saul Estrin）与梅尔（Klaus Meyer）探讨政策与法规制度对吸引外国银行投资的影响，实证显示一国法规制度的品质愈好，愈能吸引外国银行投资。奥崔维拉（J. François Outreville）着重于区位优势，其实证结果显示，规模、人力资本和文化距离（Cultural Distance）会影响全球前五十大金融集团的国际化。至于比较利益（Comparative Advantage）理论，则着重于母国与东道国间经济条件的比较，认为银行是否会到国外设立分支机构，受到母国及东道国间相对的金融市场规模、经济发展、汇率稳定、通货膨胀等的影响。实证结果发现，母国金融市场规模愈大，愈会促使银行到国外设立分行，福卡雷利与普若罗在探讨多国籍银行的海外扩张的实证文章中，则显示海外股权较多且银行总部所在地金融市场较发达的银行，较易进行海外扩张，而在扩张地点的选择方面，获利机会较高的国家容易吸引多国籍银行投资。

目前，国内外资银行监管领域主要集中在外资银行的进入效应方面，较多讨论的是外资银行进入对我国银行业的冲击，而后提出一些政策和建议，这些研究大多缺乏理论支持，这种政策和建议大多只能是一种想法或者愿望。本书拟利用信息经济学和传统的成本收益经济学理论，对监管当局和外资银行的行为特征进行剖析，试图寻求外资银行进入我国市场的有效机制，然后将理论模型中的变量具体化，以此与监管实践对接，最终指导实践。

2.2 外资银行市场准入监管的原则及准入要求

2.2.1 外资银行市场准入监管原则

关于外资银行的监管，由于不同国家和地区有着不同的国情和具体情况，所以没有统一的监管法律条文，目前国际上比较公认的监管依据是巴塞尔协议。2006年巴塞尔协议进行了重新修改，《巴塞尔新资本协议》核心原则规定了有效监管体系应遵循25条原则，其中原则2~原则5对准入监管进行了规定，包括业务许可范围、发照标准、所有权转让和重大收购。具体内容如下：

原则2——许可的业务范围：必须明确界定已经获得执照并接受银行监管的各类机构可以从事的业务范围，并严格控制"银行"一词的使用。

原则3——发照标准：发照机关必须有权制定发照标准，有权拒绝一切不符合标准的申请。发照程序至少应包括审查银行的所有权结构和银行治理情况、董事会成员和高级管理层的资格、银行的战略和经营计划、内部控制和风险管理，以及包括资本金规模在内的预计财务状况；当报批银行的所有者或母公司为外国银行时，应事先获得其母国监管当局的同意。

原则4——大笔所有权转让：银行监管当局要有权审查和拒绝银行向其他方面直接或间接转让大笔所有权或控制权的申请。

原则5——重大收购：银行监管当局有权根据制定的标准审查银行大笔的收购或投资，其中包括跨境设立机构，确保其附属机构或组织结构不会带来过高的风险或阻碍有效监管。

2.2.2 外资银行市场准入要求

银行业的竞争程度在很大程度上取决于银行业的准入壁垒。市场准入包括国内银行的准入和外资银行的准入。因此对外资银行准入限制的程度是反映一国银行业竞争程度的重要指标。一般从三个方面来分析外资银行的准入限制程度。

1. 银行业准入的基本要求。在申请银行执照时，一般申请者必须提供：银行章程草案、拟定公司架构、今后三年的财务预测、主要股东的财务信息、拟任董事的背景及经历、拟任经理的背景及经历、银行资本金来源以及银行市场定位和细分。东道国监管当局对申请者进行筛选以确保这些准入者"合格"。通过设置上述基本要求来决定是否颁发银行执照，那些最终被授予执照的银行具有相对较高的质量，从而提升整个银行业的质量。目前全球近八成的国家或地区采用了这些基本的准入要求。

2. 对外资银行准入或者参股境内银行的限制。外资银行进入东道国市场的形式包括：子行、分行、代理行、代表处等，其中主要的形式是子行和分行。子行具有独立法人资格，而分行不具有独立法人资格。一旦银行濒临破产，子行可以依据东道国的法律进行独立清算，而分行清算起来就比较复杂，如果分行清算时资不抵债，最终母行将受到牵连。因为分行破产时，债权人对整个银行具有索取权。在有存款保险的情况下，这会产生母国存款保险与东道国存款保险赔付责任不确定的问题。银行是选择子行还是分行进入一国市场，取决于东道国的资本要求以及不同进入形式可能的经营范围，不同的进入形式存在着不同的业务限制。在中国，外资银行投资入股中资银行，单个投资者的入股比例不能超过20%，多个投资者的入股比例不能超过25%。

3. 对申请进入的拒绝比例。申请者在法律上允许进入，但实际操作中会遭到拒绝。一些发展中国家和新兴国家声明对外资银行准入没有限制，但很多外资银行的申请都遭到拒绝。在这些国家，外资银行的准入政策大多遭到政治干预，而不是基于严格的审慎性条件。从另一方面来讲，有些国际银行的确存在掠夺性和攻击性，如国际商业信贷银行（BCCI）则竭力进行低收入国家，由于这些国家法治薄弱，从而外资银行有可能损害东道国的公共利益而逃避法律的制裁，这将使得东道国监管当局更加趋于保守，拒绝比例趋于上升。

2.2.3 外资银行市场准入模式

一个国家或者地区外资银行市场准入模式的选择主要取决于：该国或地区的经济发展水平、金融业的发展水平、金融业开放程度以及金融监管水平。不同的情况将决定着不同的保护程度：高度保护模式、适度保护模式以及国民待遇模式。各国各地区在金融立法和监管的实践中，往往采取综合的办法来选择外资银行市场准入模式。

1. 高度保护主义模式。此种模式的优势在于有效防止外资金融机构的进入和不平衡竞争的加剧，保护本国（本地区）不健全的金融体系和幼稚的金融业，但同时也因闭关自守导致被动和落后。采用这一模式的一般是国家垄断金融制度的国家和地区。它们禁止或严格限制一切外国金融机构、自然人和金融服务产品进入本国（本地区）市场。如阿富汗、保加利亚、古巴、捷克、埃塞俄比亚、伊拉克、老挝、索马里、荷兰、科威特、阿联酋、阿尔及利亚、缅甸、南斯拉夫等。

2. 适度保护主义模式。此模式并不绝对禁止外资金融机构的进入，而是在保护本国（本地区）金融业发展的前提下，适度开放金融服务市场，并视对方国家或地区给本国（本地区）跨国银行的待遇而提供对等互惠。该模式多被发展中国家所采用。其优势在于吸引大量外资以弥补国内资金需求的缺口，并适当限制外资金融要素对本国（本地区）金融服务的影响、渗透和控制，减小冲击力的强度，提高本国（本地区）金融服务的竞争力。但该模式难以把握"适度保护的度"。

3. 国民待遇模式。此种模式对外资金融要素尤其是外资银行开业权控制较松，实施国民待遇。在市场准入业务经营监管等方面，外资银行与本国（本地区）银行基本置于平等竞争地位，只是对外国银行获得本地银行的股权比例有一定限制。一般服务贸易发达国家或地区多选择此模式，如美国、日本、欧盟等。其优势在于各金融要素的竞争公平而有效率，可最大限度地满足各种金融需求。然而，此种模式存在一定的风险，发展中国家采用此模式容易引发金融危机或承受巨大的金融风险。

3 我国外资银行市场准入监管分析

3.1 外资银行的界定

外资银行、外国金融机构、跨国银行、国际银行、外国银行等几个概念基本是一致的。可以理解为是从不同的角度描述同一事物，只是研究主体不同而已。不同的研究者的主观偏好是有差别的，这种差别往往体现为称谓上的差异，外资银行、外国银行、外资金融机构都是从东道国角度提出的概念；外资金融机构，从严格的意义上说有着更广泛的范围，它的范围包括外资投资银行、外资财务公司等形式。但是，随着世界金融全球化浪潮的掀起，以及金融创新、混业经营趋势的加强，他们的界限将不再像往日那样清晰明了，将变得日益模糊；跨国银行更强调的是地域上的国界跨度，国际银行则对比国内银行。实际上，以上几个概念的细微差别并不影响我们研究过程的深入以及研究结果的推广应用。因此，本书对这些概念不加以严格区分。在国内众多研究外资银行的文献中使用较多的是外资银行；而我国的监管部门更喜欢使用外资金融机构这样的称谓，根据我国的《外资银行管理条例》，外资金融机构包括五种形式，即外国银行分行、中外合资银行、外商独资银行、中外合资财务公司、外商独资财务公司。随着世界自由化浪潮波及金融业、金融自由化逐步深入，以及金融创新行为和市场的不断开放，外资金融机构的外延将进一步拓展。本书主要研究外国银行在华分行、独资银行、合资银行三种形式。

3 我国外资银行市场准入监管分析

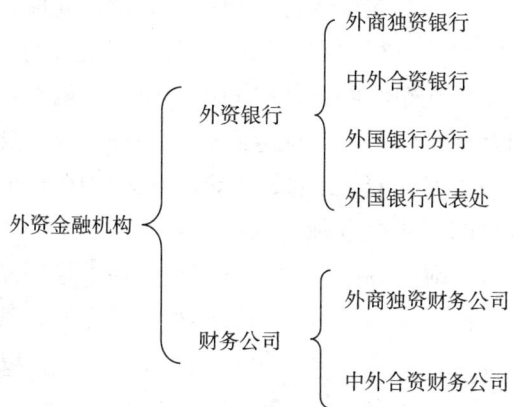

图 3-1 外资金融机构组织

3.2 外资银行的风险特征

中国加入世界贸易组织以来，外资银行在中国总体保持良好的发展态势，外资银行进入中国市场的速度逐步加快，银行业竞争者更趋多元化，竞争领域更为细分深化。然而外资银行是跨国性金融机构，它所引发的跨国风险和经营风险值得注意。跨国性金融机构所引发的风险主要有赫斯塔特风险（Herstatt Risk）、资金跨国流动风险（Transfer Risk）及系统性风险（Systemic Risk）。

3.2.1 赫斯塔特风险（Herstatt Risk）

外汇市场的交易不分昼夜，每个小时都在进行，它还不时地牵扯不同国家的司法权制度。正因为这个特点，跨境、跨时区的交易给每天高效率的结算（近2.4万亿美元的双向支付或25万到30万笔的货币汇兑）提出了最严峻的挑战。

赫斯塔特风险指的是因跨地区交易而延长交割时所带来的外汇头寸敞开的风险。1974年赫斯塔特银行接到了德国政府当局清算的命令，却无力向对方银行支付美元。银行遇到了巨额跨境结算的风险，因为一笔外汇交易中各个阶段不可撤销的结算可能是在不同的时间内完成的。

譬如，向一家纽约银行在东京的日本代理行支付日元应在东京的营业时间内完成，而一家纽约银行向在纽约的一家日本银行的美国代理行相应地交付美元则是发生在纽约的营业时间内。由于这两个国家的支付体系从不在相同时间开始运作，因此就存在这样一种风险：交易的一方正执行了交易，但另一方却可能已经破产而无力交付用于补偿或冲销的货币。防止此种风险的方式有数种，其中国际清算银行（BIS）所强调的方法有两个：其一为对金融市场的各种交易，要求采用净额交割法，替代原先的毛额交割法，以缩小风险的规模和不确定性；其二为对银行所暴露的各货币净部位，要求按该部位8%的持有资本，以增强其风险抵抗能力。

3.2.2　资金跨国流动风险（Transfer Risk）

3.2.2.1　资金跨国流动风险产生的原因

此种风险并非指借款人没有偿债能力，而是指银行资产无法以还款货币回收资金的可能性，其原因是借款人所在国外汇缺乏或者换汇受限，致使其无法结汇偿还外币债务。如果一家银行对该国借款人的贷款总额过大，则在该国外汇准备不足的情况下，此项资金跨国移动风险将导致该行倒闭。20世纪80年代初期第三世界国家发生债务危机，严重威胁国际金融安定，就是最好的例证。[①]

3.2.2.2　资金跨国流动风险的影响分析

首先，分析资金的跨国流动对我国货币政策的影响。国家的宏观调控包含财政政策和货币政策两个方面，货币政策的重要作用不可替代，而货币政策产生效应的主要对象是银行。一般来说，要真正地实施有效的货币政策，操作目标（如利率）、货币工具、政策目标（如稳定物价）和中间目标（如货币或信贷总量）之间要相对地稳定。银行就是这些工具和目标发挥作用的导体。金融风险的高低取决于政策工具与政

[①] 当时如果按照严格的会计原则，好几家美国的大银行均已濒临倒闭。所幸当时债权国政府支持债权减让，而银行也持续增加资本及损失准备，最终使得这一重大国际金融危机之威胁降低至债权银行获利能力严重受损但仍可生存的边缘。经过那次危机之后，国际金融界不再认同"国家不会破产"的说法，而更加重视国家风险。

3 我国外资银行市场准入监管分析

策目标之间是否能维持正常的关系,若两者之间的关系变得扑朔迷离难以预测,那么风险将相当高。外资银行分行通过干扰东道国货币工具的实施,能达到降低东道国国内货币政策有效性的效果。作为国内金融市场和国际金融市场的连接点的外资银行分行,其主要的资金来源是国外金融市场,外资银行既能从国际金融市场获得外汇资金,也能从国内商业银行融通人民币资金,正是由于外资银行在中国境内的贷款受其存款来源的制约比较小,外资银行的外汇贷款利率是完全不受中央银行管制的,所以货币政策对外资银行贷款的控制能力相对较弱,因此外资银行市场份额越大,中央银行调控的空白区域越大,中央银行宏观调控有效性越弱,譬如加息的漏出效应增强。同时,由于同业资金并不要求缴存存款准备金,因此外资银行的发展又会造成对准备金制度有效性的削弱,最终外资银行的存在将使我国货币政策目标难以有效实现。如我国以提高利率方式缩减贷款规模,实行紧缩性货币政策目标,但利率上升会导致有全球化经营能力的银行将资金从利率低的国家转移到利率高的国家,套取价差利润,集中流入的逐利资金将进行利率与汇率的投机活动,严重干扰我国货币政策的有效性,甚至引发其他的问题。

其次,分析资金跨国流动对我国资产价格的影响。外资银行可采取联行的方式在其母行或其各地区的分支机构之间调入或调出资金,成为现阶段外资银行的主要外币资金来源,而通过这种方式进入的国外资金可规避我国严格的资本管制。外资银行分行还可以通过吸收人民币存款和银行间拆借市场获得充足的人民币,以企业或保险机构等非银行金融机构为例,企业可以抵押贷款的方式来从事人民币在资本项目下的间接兑换,境外的外汇通过这种途径实现了人民币在资本项目下的兑换,当大量的资本通过外资银行流入我国的证券市场或房地产市场时,一方面可能使资产价格上涨形成泡沫,另一方面是基础货币的增加,从而导致大量的银行坏账,增加汇率风险和通货膨胀风险,最终威胁我国金融体系的稳定性。

最后,分析我国监管当局对外资银行母行的风险控制。目前,我国监管当局对其母行的风险难以检测和控制,一旦外资银行母行发生危机或母行所在国经济衰退,外资银行因为资金的调度,受境外总行的影响,大量的资金通过外资银行分行外逃,风险会马上波及其在我国境内的分行,这样一方面使得我国存款人债权清偿难以保障,另一方面通过银行之间的经济往来,破坏国内银行业的正常经营。

3.2.2.3 资金跨国流动风险与金融稳定性

首先是对我国银行流动性的影响。随着我国金融业对外的不断放开,外资银行人民币业务市场份额快速扩大,外资银行将对中资银行的流动性产生威胁,逐渐分流中资银行的资金来源。目前我国中资银行的不良资产比例相对偏高,流动性的降低将更加恶化国内银行的风险承受能力,某些急需增强流动性的银行或许将采取通过抛售资产来增强其流动性,但过分的抛压往往会造成银行资不抵债、濒临破产,甚至可能酿成银行危机。

其次是对中资银行客户来源的影响。相对于国内的中资银行,外资银行在信贷市场上优势明显,其资金成本低、贷款质量高、贷款开发能力强,故外资银行有条件挑选财务状况好、营利性强的优质客户,往往青睐大型企业,而很少会将信贷资源分配给中小企业。这种开发高端客户的竞争策略,间接导致在信贷市场上将效益差、信用度低的高风险客户和政策性业务留在中资银行,加大我国银行的整体投资组合的风险水平,增大体系的不稳定性,体现出"逆向选择"。

最后是对我国银行业务的影响。外资银行低廉的价格和优质的服务将使它们更富有竞争力,产生"挤出效应",让国内银行市场的其他参与者的市场空间越来越小。优质的业务都会流入他们手中,从而将相对不良的业务聚集于中资银行。信誉优良的客户从理性选择的角度选择价廉物美而且多样化的服务,中资银行由于逐利的本性,将增加非审慎的信贷活动,结果将使中资银行盈利下降甚至转为亏损,产生坏账的风险增加。一旦中资银行的这些行为变成常态,国内金融风险会急剧上升,危及我国金融体系。国际上许多国外银行跨国并购的案例表明,外资银行的短期行为的确将对一国的金融系统产生冲击。外资银行的目标函数是谋取利益,如果我们的法律体系存在漏洞,那么外资银行的进入将具有一定的投机性,为了防止热钱炒作,我国目前的金融监管法律法规规定,作为战略投资者的外资银行在 2～3 年内不能撤出,尽管有法律保障,但是关于撤出的规定还有待完善,如果外资银行参股国内银行一段时间后，银行经营不善或找到更好的投资对象时，外资银行完全有可能撤出，如采用出售股权方式撤出，这都会产生不确定的风险存在，使银行业的金融风险加大，导致币值波动和资本外流风险。在华外资银行的一项重要业务拓展内容是开展人民币业务，进入我国的外汇市场和证券市场。当外资银行被准许开展全方位经营人民币业务之后，必定会涉及外币与人民币间大规模的资金转换。一方面，这种转换增加了外汇市场上资金流动的不确定性，同时投机性的国际游资也会通过各种渠道，以不同方式来影响我国的金融市场，进而导致人民币币值的波动，使我国外汇管理体制面临严峻的挑战。另一方面，外资银行可利用其遍及全球的国际金融网络系统，迅速转移国内存款，把国内的外汇资金调往国外套汇、套利或巧妙利用各种手段逃避税收、转移利润等，一旦国内存款大量流到国外，就会导致资本外流，影响我国国际收支的平衡，从而不利于国民经济的稳定。外资银行可以从其他金融机构甚至国际金融市场获得有效资金，以至于外资银行在我国境内的贷款不受其存款来源的制约，这导致我国的准备金制度和利率管理政策对外资银行的约束将十分有限，而再贷款、再贴现等数量型货币政策工具又暂不适应对外资银行的调控。在华外资企业和外资银行能在国际金融市场上进行低成本融资，外资银行的服务对象也将扩展到中资企业，这就会出现大量中资企业从过去在中资银行融资转向在外资银行融资，从而加强了本币与外币的融通和国际资本的流入和流出。这无疑将增加我国资本项目的管理难度。

3.2.3 系统性风险（Systemic Risk）

所谓系统性危机，国际清算银行（BIS）及国际存款保险机构协会（IADI）分别将其定义为，"指金融机构的任一成员，因无法完成契约上的义务，而使得其他成员之间产生一连串的负面反应，最后使得整个金融体系陷入困境的一种危机"及"指对金融体系之健全有影响，并对金融安定及整体经济发展有严重负面影响"。系统性风险包括政策风险、经济周期性波动风险、利率风险、购买力风险、汇率风险等。这种风险不能通过分散投资加以消除，因此又被称为不可分散风险。此种风险是金融监理机关最需审慎处理者，倘若没有审慎处理，可能会对国际金融体系造成严重冲击。在金融全球化的今天，跨国银行巨头深入各国的各个角落，在提供良好的国际金融服务的同时，带来新问题的产生，若跨国银行的分支机构产生挤兑或者破产，将沿着其一环扣一环的金融链条扩散风险，可能导致整个银行体系乃至金融体系的风险，甚至酿成危机。金融问题引发的信贷紧缩又会导致实体经济滑坡，通过金融链条的传导，将产生更多的破产，同时打击人们对经济的信心，形成波形的共振衍生、互为因果的恶性循环。

银行危机和银行的系统性风险有着本质的区别，但其形成的机理是相同的。从宏观角度分析，理论界已有悠久的研究史。闻名世界的经济宗师们如凯恩斯、金德尔伯格、弗里德曼、费雪等都对银行危机的发生机制进行了理论解释。这些研究基本一致的观点是，金融业的系统性风险或银行危机源于宏观经济的波动。研究进一步表明，宏观经济变量如经济周期、通货膨胀等或许并非金融危机发生的充分必要条件，而仅仅是其必要条件而已。必须从银行的本源寻找银行系统性风险的真正解释，即必须从一个更微观的层次去重新剖析金融市场行为，博弈论和信息经济学等微观经济学的最新理论和方法将是很好的分析工具。理论界认为，导致金融风险的根本原因是金融市场上严重的信息不对称问题。宏观因素固然重要，但宏观因素不是金融监管所能控制的因素，而只是金融监管所面临的环境和背景。

3.2.4 外资银行的监管套利风险

3.2.4.1 外资银行监管套利定义

现代金融经济中的制度套利行为是复杂多样的，监管套利和税收套利是两种最主要的方式，它们构成了金融制度套利的主体。监管套利是现代金融活动中最典型的制度性套利，指银行等金融机构利用监管制度之间的差异和不协调来转变外部制度约束，规避制度障碍，从事制度上不允许的经济活动，以此来获得竞争得利和成本的节约，达到减轻制度负担的目的。如果以套利活动所利用的制度之间的差异具有竞争关系，则称为竞争性套利，如在美国金融企业利用洲际间金融制度差异进行的监管套利；如果以套利活动所利用不存在竞争关系的制度间的不协调而进行的制度套利，则称为非竞争性套利。如吸收欧洲美元存款就是银行利用美联储对国内外美元存款的不同准备金要求而产生的制度套利。

制度性套利的目的是净监管负担最小化。企业在外部制度下约束性经营将面临成本和收益的考量,净监管负担是指外在制度约束给企业经营或投资者投资所带来的成本与收益之差。在外在制度约束下,金融企业和投资者的收益往往是不明显或者间接的。而其发生的成本确实是实实在在的、直接的,对企业来讲,外在的制度约束表现为一种负担。在忽略其转换成本的情况下,外资银行在进行经济活动时,会在可供选择的监管制度约束集合中选择净监管负担最小的制度约束。跨国银行跨越国界,具有很大的灵活性,它可以通过地点的迁移、结构或业务的调整等方法来使约束其自身的制度发生变化,以追求更低的净制度负担。

3.2.4.2 外资银行监管套利的具体方式

假设外资银行在 A、B 两地开展业务,并且可以在两地之间自由迁移,初始时刻在 B 地经营并对两地制度有充分的信息。存在三个制度约束子集 $\{a, b, c\}$,a、b 分别为外资银行在 A、B 两地的制度约束,c 为外资银行在 B 地可选择的另一种制度约束。C_a、C_b、C_c 分别是外资银行在各个制度约束子集下经营所承受的净制度负担。假定 B 地的监管要求比 A 地更为苛刻,且满足 $C_a < C_b$、$C_b < C_c$。在这里企业可以通过竞争性制度套利和非竞争性制度套利来减轻净制度负担:第一,竞争性制度套利,通过经营地点的转移来改变自身的制度约束($b \to a$);第二,非竞争性制度套利,外资银行通过金融创新来改变自身的制度约束($c \to b$)。

一、竞争性银行监管套利

假设迁移成本 C_m 为零,因为 $C_a < C_b$,外资银行在 A 地的净监管负担小于 B 地,因此外资银行将从 B 地迁移至 A 地,以实现制度负担的最小化。竞争性金融制度套利主要表现为跨国监管套利,主要表现形式有以下四种:(1)金融集团会通过国际间的业务转移,充分利用各国在税率、利率、政策、管制方面的差异,实现监管套利最大化。(2)外资银行通过跨国分行之间的业务转移来使在某些业务部门禁止开展的业务得以在其他国家进行。例如,在中国,银行从事保险业务受到较严格的管制,外资银行就会通过集团内部的资金、业务流动,在美

国运用来自中国的资金进行保险业务。(3) 外资银行通过国际间的业务转移来充分利用某些业务部门（如保险）特殊的优惠政策。例如，如果外资银行认为银行管制比保险业管制要宽松一些，就会把生产和销售一些退休年金的业务转移到它的银行子公司去。(4) 外资银行通过将集团业务由高税率地区向低税率地区转移而获取避税的好处。例如，各大金融集团纷纷在德国、瑞士和百慕大设立分行就是出于此种考虑。

二、非竞争性银行监管套利

假设外资银行针对特定制度约束进行调整的成本 C_m 为零，因为 $C_b < C_c$，所以外资银行将通过资本证券化或金融创新等方式来实现制度约束由 C_c 到 C_b 的转变，以减轻净制度负担。监管套利行为使制度约束 C_c 失效。对于外资银行，最常见的监管套利行为是监管资本套利 (Regulatory Capital Arbitrage，RCA)。

三、监管资本套利

(一) 监管资本套利的含义

监管资本套利是指国际银行利用资本监管制度的差异性以及制度内部的不协调性，运用某种手段，在不改变其实际风险水平的情况下减少监管资本要求（见图 3-2）。经济资本指用于承担业务风险或购买外来收益的股东投资总额，是由商业银行的管理层内部评估而产生的配置给资产或某项业务用以减缓风险冲击的资本，因此经济资本又称为风险资本。其计算公式为，经济资本 = 信用风险的非预期损失 + 市场风险的非预期损失 + 操作风险的非预期损失。监管资本是官方的资本要求。当监管资本高于经济资本时，将会出现监管资本套利行为。

(二) 监管资本套利内在动因

1. 满足监管机构的资本充足要求。在银行实际资本数量未发生变化的情况下，银行将资产负债表内风险不同，但风险权重与监管资本要求相同的贷款组合中的一部分贷款进行转让或风险转移，降低了表内风险加权资产额。使银行的名义资本充足率得以提高，达到监管机构的资本充足要求或规避资本监管的目的。

2. 提高资本收益率。商业银行通过调整资产组合，在监管资本标

3 我国外资银行市场准入监管分析

准要求相同的不同资产中减少低收益、低风险资产，保留高收益、高风险资产，实现以低的资本需求量来支持高收益率的资产业务，提高银行资本配置效率。

3. 扩大资产业务规模。监管资本套利因提高名义资本充足率、减少监管资本需求量而释放出的资本，可以扩大信贷业务规模。在经济过热、信贷规模受到监管约束的情况下更易被银行所利用。商业银行为增加利润来源，会通过监管资本套利，实现资本释放，支持资产业务的扩张。

《巴塞尔资本协议》自公布以来，在世界各国产生了非常广泛的影响，《巴塞尔资本协议》仍然无法杜绝监管资本套利现象的发生。一方面，《巴塞尔资本协议》统一要求贷款账面价值8%的资本，而跨国银行拥有完善的风险评估、控制体系，以借款人质信度为基础，他们运用内部信用风险模型来计算资产组合的真实经济风险，从而决定其真实资本要求，一般来说，大型跨国银行自己计算出的资本要求远低于8%。另一方面，《巴塞尔资本协议》没有考虑不同资产的不同风险度。不同资产的风险加权资本（Risk – Based Capital，RBC）要求是不同的，由于风险权重的不同，大致相同风险资产要求的RBC可能存在非常大的差别。银行的信用风险要求以RBC进行担保，当信用担保是为了增强银行自己出售资产的信用时，这种担保被称为"追索"，追索的RBC要求是最大的，达到100%。当担保的资产不是银行拥有的，这种金融担保被称为"直接信贷替代"，要求的RBC为8%。其中短期贷款承诺与卖出期权的RBC要求最少（0）。这种计量方法将会鼓励跨国银行保留那些资本要求很低的高风险资产，而放弃那些资本要求过度的低风险资产，从而产生监管资本套利。当监管资本大于银行自己所评估的资本要求（经济资本）时，跨国银行很自然地就认为资本标准是一种监管"税收"了（Donahooa和Shaffer，1991）。监管"税收"将会激励银行寻找避税或最小化税收的方法，从而进行监管资本套利。

（三）监管资本套利主要手段

Jackson、Jones等人以欧美主要商业银行为对象，对监管资本套利作了大量的研究，提出监管套利的几种主要手段：

1. 间接信用增级。根据《巴塞尔新资本协议》，在某些情形下提供

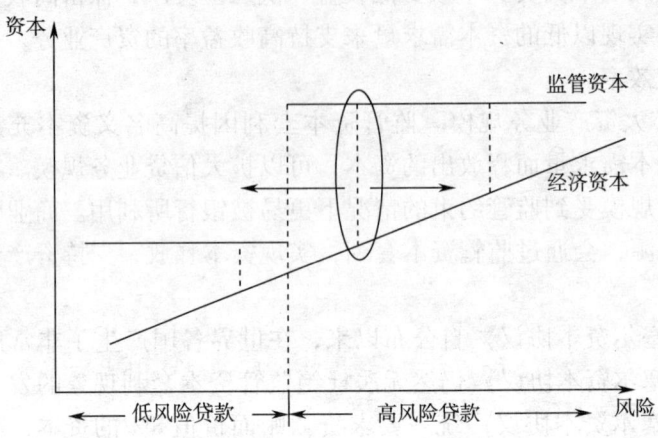

图 3-2 监管资本套利示意图

一种信用增级的经济等价物是可能的——以一种根据任何正式的资本要求都不被认为是财务担保的方式。投资者经常愿意接受"间接信用增级"。例如,以加速分期偿还(Early Amortisation)、加速偿还条款(Fast-payout Provisions)等方式替代传统的财务担保。

2. 远程发起(Remote Origination)。具体做法:由 SPV,而不是银行自身来发起该证券化资产——术语称"远程发起"。尽管其中银行所承担的风险与传统的证券化无甚差别,但因为银行从不正式拥有基础资产,这种信用增级被视做一种直接的信用替代品。远程发起通常与资产担保的商业票据相关。

3. 采摘樱桃和附带部分追索权的资产证券化。采摘樱桃(Cherry-picking)是一种最早的监管资本套利方式。在一个特定的风险权数目录里(例如100%的风险权数资产),拣樱桃就是将组合转向较低质量的贷款。例如,为了提高其净资产收益率,一家银行可能决定减少发放 BBB 级贷款,而更多地发放 BB 级贷款。在这种情形下,该银行的总加权风险资产和监管资本比率看上去没有改变,但是它的整体风险上升了。再就是具有部分追索权的证券化(Securisation with Partial Recourse)。证券化通常是将资产销售给一个 SPV,由它向私人投资者发行资产担保证券(ABS)来为其购买融资。出于对破产、会计制度和监管目的的考虑，SPV 在法律上通常被视为一个与发起银行相独立的组织，并因此不需要合并进入发起银行的财务报表和监管报告中。尽管在很多情形下，一家银行对 ABS 的信用增级，实际上其仍然承担了潜在风险的绝大部分。

（四）监管资本套利的消极影响

1. 造成不公平竞争。由于规模经济和范围经济的存在，以及会计、监管、法律制度的国际性差异，并非所有银行都能同等地进行监管资本套利，这可能导致不公平的竞争。如果不考虑抑制对监管资本套利的激励或者机会，那么将来很可能破坏资本充足性要求作为一个审慎政策工具的有效性。

2. 经济资本与监管资本的差距可能鼓励银行将其高质量贷款进行证券化，这意味着银行资产负债表上的组合比它已经证券化的资产具有更高的损失波动性和较低的分散化程度。对于一家积极参与证券化活动进行监管套利的银行而言，其报告资本比率不能真实地反映其财务状况。相对一家银行的实际财务风险水平，其表面的资本比率提高了。而这使得该资本比率更难加以解释，且在某些情形下可能降低了。因此，监管资本套利掩盖了银行的真实财务状况的恶化，延误了及时纠正行动，使银行面临更大的风险。

3. 破坏了资本充足性标准的有效性。银行通过内部风险评估模型，降低其风险的监管评估水平，但是没有从根本上降低其整体的经营风险水平，监管者无法判断外资银行是否达到了某种程度的稳健水平。监管资本套利将增加系统性风险和道德风险，削弱监管纪律。

3.3 我国外资银行的发展历程

外资银行从清朝末年开始进入我国，至今算起来达 100 多年历史。1949 年中华人民共和国成立之初，汇丰银行、渣打银行、东亚银行和华侨银行四家外资银行被保留下来。1978 年改革开放以后，外资银行发展迎来新的篇章。2001 年加入世界贸易组织以后，外资银行发展速度进一步加快了。银行业对外开放的政策是一个循序渐进的过程，所以外资银行的发展也是一个渐进的发展过程。最先是只开放经济特区，外资银行只在经济特区开设机构,接着又开放了14个沿海城市,最后是开放中国的内地城市。从区域上对外开放也是一个阶梯式的发展。在业务上,第一,批准外资银行经营外国人的外汇业务。第二,允许其经营中国企业和居民的外汇业务。第三,允许其经营外商投资企业、外国居民的人民币业务。第四,允许其经营中国企业的人民币业务。第五,允许其经营中国公民的人民币业务。同时,它的服务对象在不断扩大,地域也在不断扩大。在这样一个过程当中,外资银行从机构数量、业务规模来讲也是在逐步发展的。我国外资银行的发展从改革开放算起至今可大致划分为三个阶段:

1978～1993年被划分为第一个阶段,这个阶段我国在进行中国社会主义经济体制改革的探索,金融体制改革刚刚起步,谨慎稳健探索出路是思想主线,外资银行在当时基本只能以代表处的形式开设分支机构,故这个阶段我们称为代表处阶段。对外开放的总体战略是利用外资银行吸引国外资金和加强对外企业的金融服务,以便创造良好的投资环境。当时监管机构对外资银行监管非常严格,准入和经营都受到很大的限制,只能经营外币,且局限于经济特区,服务对象主要是外资企业和外国居民。随着我国经济的发展,金融监管部门在稳健的前提下逐步放开限制,外资银行的经营地域扩展至部分沿海城市和中心城市。数据显示,截至1993年年底,我国共有外资银行机构76家,涉及城市13个,涉及资产总额89亿美元。

1994～2001年被划分为第二个阶段,这一阶段我国社会主义市场经济体制初步建立,深化对外经济体制改革,倡导积极引入外资发展经济。该阶段的主线是,进一步完善涉外经济法律法规,改善外商环境,加大外商来华投资支持力度,促进外资企业对我国经济的拉动作用。发布《中华人民共和国外资金融机构管理条例》、《上海浦东外资金融机构经营人民币业务试点暂行管理办法》,有条件地开放部分人民币业务,扩大外资银行经营区域限制,规范外资银行发展。在在华外资企业迅速成长和中资企业国际业务快速发展的同时,外资银行业务也得到急速发展。数据显示,截至1997年年底,外资银行机构在华数目达到175家,资产总额增长超过270多亿美元。

1997年东南亚金融危机爆发,涉及范围广泛,外资银行在亚洲发展趋于谨慎，放缓了对亚洲地区的业务拓展和布局。中国市场也受到波及，部分外资银行选择退出中国市场，外资银行在华发展增速放缓。1998~2001年在华外资银行营业性机构仅比原来增加15家。为了保持我国经济发展的良好形势，继续发挥外资银行对我国经济的促进作用，中央政府审时度势及时推出措施促进外资银行人民币业务发展，保障其网络扩张，进一步放宽对外资银行的地域限制，允许上海地区的外资银行在江浙地区发展人民币业务；开放深圳作为第二试点城市，允许其在深圳经营人民币业务，并允许深圳市外资银行将人民币业务扩展到两广地区和湖南地区；同时为解决外资银行人民币业务的资金来源问题，允许其进入全国银行间同业拆借市场。

2002年至今被划分为第三个阶段，为法人导向阶段。中国银行业对外开放进程发生了巨大的变化。2001年12月11日中国正式加入世界贸易组织，并承诺在五年内放开金融领域。2002~2006年为过渡期，我国在中央政府领导下，认真履行承诺，稳定有序推进银行业对外开放，推动外资银行加速发展：所有客户的外汇业务开放；人民币业务地域扩大到全国所有地区；将中国企业和居民的人民币业务逐步纳入外资银行业务范畴；取消对外资银行在华经营的非审慎性限制，取消外资银行人民币负债不得超过外汇负债50%比例的限制，放宽对外资银行在境内吸收外汇存款的比例限制，逐步放松对外资银行在华的经营限制；在承诺的基础上给予外资银行国民待遇。2006年11月，国务院公布《中华人民共和国外资银行管理条例》（以下简称《外资银行管理条例》）。自2006年12月11日起，取消外资银行经营人民币业务的地域限制和客户限制，取消对外资银行在华经营的非审慎性限制。根据《外资银行管理条例》的有关规定，在允许外资银行自主选择商业存在形式的前提下，鼓励机构网点多、存款规模较大并准备发展人民币零售业务的外资银行分行转制为法人银行。转制后，外资法人银行在注册资本、设立分支机构、运营资金要求以及监管标准方面完全与中资银行相同。截至2008年年末，我国有外资法人银行32家，较加入世界贸易组织前增加近1倍。获准经营人民币业务的外国银行分行58家、外资法人银行27家，获准从事金融衍生产品交易业务的外资银行机构51家。

3.4 我国外资银行市场准入监管现状分析

3.4.1 市场准入监管的含义

市场准入监管是指为了保护本国银行业免受外资银行的冲击而实施的一系列具体监管措施的统称,它是外资银行监管的第一道防线,是一种预防性监管行为。其包括三方面的内容:机构准入的监管、业务准入的监管、高级管理人员准入的监管。除此之外,东道国要求母国金融监管当局的有效监管也是市场准入监管的应有之义。

一、机构准入监管

机构准入监管是预防性监管中的一部分。作为第一道防线,多数国家会从本国的实情出发对外资机构的准入作出相应的限制。比如在机构准入的形式、数量、地域、机构参股比例以及相关的资本管理等方面作出了较明确的规定,其中最常见的是最低注册资本金要求。具体来说,一般外资银行都会集中在东道国的经济发展区域,为了防止过度竞争和资源浪费,并考虑保护本国的银行机构,东道国往往在机构准入的形式、数量和地域方面作出限制。有的国家限定外国银行在本国设立分支机构的形式,有的限制外资银行在本国设立分支机构的区域。美国允许外国银行机构以代表处、分行和办事处的形式存在。美国的外国银行80%以上都设在纽约、芝加哥、洛杉矶、旧金山、休斯敦等金融中心。韩国规定外资银行分行个数不能超过两家,在同一城市只能开设一家办事机构。加拿大只允许外国银行以附属机构的形式进入。我国香港作为一个高度开放的自由港和国际贸易、金融中心,也只鼓励采取设立分行的形式。大多数国家结合自身的需要限定外资银行参股比例的上限,部分国家却采取完全禁止态度。中国外资参股比例的上限为25%,加拿大、澳大利亚外资银行可参股比例的上限为10%。通过对外资银行准入各方面的限制,一方面保持本国金融市场的稳定,确保能引进先进的经验;另一方面可使外资银行的部分资产保留在东道国境内。如法国政府规定了外资银行开业的资金额度,即至少拥有资本或营运资金1 500万法郎,并需要和外资银行规模相匹配,资产总额超过20亿法郎,18

3 我国外资银行市场准入监管分析

个月内必须将资本金补增到 3 000 万法郎。美国没有明确要求外资银行的最低资本，但其货币监理署有权对来自不同国家或地区的外资银行要求不同的注册资本。新加坡规定的最低资本金是等值 1 000 万新元资金。

二、业务准入监管

业务准入的监管主要是对外资银行经营业务范围的监督。发达国家本土银行实力相对较强，金融监管制度较健全，在业务范围上往往对外资银行限制较少，且多实行国民待遇原则，如美国、英国等国。发展中国家由于其金融业相对落后，出于保护本国的需要，严格限制外资银行业务准入。其主要体现在三个方面：一是严格限制外资银行从事本币的零售业务。如新加坡的三级牌照制度（全面执照、限制执照、离岸执照）规定了持有不同牌照的银行所能经营的业务范围；二是限制外资银行的资产规模，如加拿大规定除美国的银行以外，其他国家的外资银行在其金融市场所占份额不得超过 12%；三是禁止外资银行从事部分具体的业务，如不能参与非银行业务，不许外资银行开展信用证业务等。我国目前仍禁止外资银行在华从事保险业务。

三、高级管理人员准入监管

金融监管当局对外资银行高级管理人员的考察是相当严格的，如果认为其管理人员不能胜任，有权否决其的准入申请。考察内容包括被考察人员的能力、经验、品质、信誉等。其具体要求：（1）具备相应的专业知识、业务技能和组织能力；（2）能正确理解并贯彻执行东道国的经济、金融方针政策；（3）有在东道国银行高级管理的经验。如在日本，规定在其设立分支机构的外资银行须有精通日语和当地法律的人员参与管理，以确保能和当局及时顺利地沟通。在英国，外资银行高级经理人员中要求必须有一人有在伦敦金融市场工作的经验。

四、外资银行所在母国金融监管当局的有效监督

这是各国对外资银行准入新增的条件限制，是在当今全球化的背景下，为维护世界金融市场稳定应运而生的。它要求外资银行母国监管当局有能力对其银行进行有效的充分监管，否则将严格控制甚至禁止该国商业银行在东道国设立分支机构；在母国拥有完善监管能力的前提下，考虑相对放松对单一商业银行的准许审查。《巴塞尔新资本协议》规定，东道国有权限制或禁止未受到其母国金融监管当局充分有效监管的

外资金融机构进入本国市场。国际商业信贷银行（BCCI）1991年倒闭事件，促使各国监管当局深刻认识到预防性监管的重要性，并开始相应地完善外资银行的准入门槛，增加市场准入的条件。

综观全世界的市场准入监管，在不同的国际金融背景下，每个国家根据其本身特点的不同，有不同的做法和要求，体现出一定的相对独立性。一般来说，受其经济金融发展水平及金融监督程度所制约，发展中国家相对监管严格，而发达国家和地区就相对宽松。少数发达国家同样对外资银行市场准入严格监管。

3.4.2 中国外资银行市场准入监管现状分析

市场准入条件作为外资银行进入的首要防线，其作为有效预防手段的同时，也是监管当局监管外资银行的重要工具。目前，我国外资银行的准入条件一般包括以下七大方面。

一、最低注册资本金要求

由于银行业牵涉面大，涉及国计民生，对一国国民经济存在重要影响，其特殊的负债经营方式决定了银行自身必须具备巨额的资本金作为对债权人的财产担保。目前大多数国家都设有最低注册资本金限制条件，要求外资银行必须拥有和维持与其自身发展相匹配的资本数额，并要求信息透明公开，使它们能掌握其真实信用情况，并促使外资银行随时接受社会公众、投资者和存款人的监督，保证金融体系的稳健运行。从两方面考虑设定最低注册资本金要求的必要性：（1）设置屏障防止缺乏竞争力的小银行进入，确保进入的外资银行能促进本国的银行业发展；（2）强制外资银行将一定数量的资产留在东道国境内。

《外资银行管理条例》规定：中外合资银行、独资银行最低注册资本金限额不得低于10亿元人民币或等值的自由兑换货币。上述规定体现出我国在外资银行准入问题上的审慎，特别是对申请设立分支机构的外资银行的资金实力标准和本土银行的设立标准作区别对待。其目的在于确保引进的外国资本的质量，保证国家金融稳定，发挥外资银行对我国经济的促进作用。改革开放初期，由于我国经济底子薄弱的客观现实，为了引进高质量的外资，我国曾采用授权资本制，要求外资银行、合资银行的实收资本不低于其注册资本金的50%即可，考虑到审慎原则，现在要求必须是实缴资本。同时《外资银行管理条例》规定，我国银行业监管机构可以根据审慎监管的实际需要和外资银行营业性机构的业务范围，制定出相应的注册资本金或营运资金的最低限额要求，并规定其中的人民币份额。

二、管理人员资格要求

职业经理人制度是现代企业的特点之一，良好的信誉、丰富的实践经验和高竞争能力的职业经理层对金融机构至关重要，而且金融监管工作的顺利进行也依赖于专业、高效、守法的管理层。巴塞尔银行监管委员会的相关文件中对拟设立机构负责人的能力、资历有详细的要求，是设立分支机构极其重要的审批条件，在机构准入上具有一票否决的功能。管理人员具有专业的知识和经验是当今各国对设立外资银行分支机构的基本要求。

我国《外资银行管理条例》规定"外资银行董事、高级管理人员、首席代表的任职资格应当符合国务院银行业监督管理机构规定的条件，并经国务院银行业监督管理机构核准"，[1] 我国在对银行管理人员条件要求上，外资银行与中资银行并无区别，一视同仁。即由银监会负责对外资银行的高管任职进行资格审查。同时《外资银行管理条例》规定"外资银行更换董事、高级管理人员、首席代表，应当报经国务院银行业监督管理机构核准其任职资格"。[2] 且国务院银行业监督管理机构有权撤换高级管理人员。[3]

三、准入形式的要求

外资银行在东道国的法律地位、经营范围以及其接受监管的程度等受到东道国外资银行的设立形式限制。如果外资银行采取分行的形式进入，东道国对其的监管难度很大，但是由于其母国总行对其债务承担无限责任，故东道国的存款人比较安全；如果外资银行采取子行的形式进入，则外国的股东只对其子银行承担有限责任，虽然东道国监管便利，但会威胁到本国存款人的资金安全。

---

[1] 《中华人民共和国外资银行管理条例》第二十六条。
[2] 《中华人民共和国外资银行管理条例》第二十七条。
[3] 《中华人民共和国外资银行管理条例》第五十条。

所以根本的解决方法是根据我国实际情况和需要对外资银行准入的组织形式进行选择，防患于未然。根据我国《外资银行管理条例》规定，外资银行在我国可设立以下三种营业机构：外商独资银行、外国银行分行和中外合资银行。另外，外资银行还可以以代表处的形式设立非营业性机构。① 目前我国的外资银行营业性机构绝大多数以分行的形式存在。为了降低我国的金融风险，我国法律在允许外国银行分行进入的同时，规定了两项安全措施，一是要求外国银行总行必须提供担保，二是要求母国承担主要监管责任。

四、参股入股的要求

外资银行可以通过对东道国银行收购或者兼并，以参股入股的方式进入东道国。由于其影响到东道国金融业的集中和竞争，所以很多国家对参股入股的进入方式有严格监管。东道国往往要求参股入股方不得不正当竞争，不得垄断，并需满足一般性银行进入市场的标准与条件。东道国还会从确保本国银行业安全和金融主权方面考虑，严格限制外资银行的并购活动及所持股权份额，或多或少地行使一定的审批权力。如在美国，外国银行购买美国银行5%～25%的股份必须得到美联储的批准，禁止外资银行购买、吞并美国的企业和非银行公司。英格兰银行则规定外国银行持有英国某家存款机构或银行15%以上的股权要得到英格兰银行的许可。我国鼓励外资金融机构参股中资银行，但对参股比例作出限制，发起人或战略投资者向单个中资商业银行投资入股比例单个境外金融机构不得超过20%，多个境外金融机构合计不得超过25%。②

五、母国对外资银行的有效监管要求

1991年国际商业信贷银行倒闭事件后，各国将增加母国的有效监管作为外资银行进入的条件。具体要求为外资银行母国金融监管制度健全，外资银行在东道国设立营业机构得到母国监管部门许可，并且母国监管当局能通过其母行对外资银行实施有效监管，同时，东道国监管机构有权根据实际情况拒绝该外资银行进入。如新加坡曾拒绝批准国际商

---

① 《中华人民共和国外资银行管理条例》第二条。
② 银监会2003年颁布的《境外金融机构投资入股中资金融机构管理办法》和2006年12月28日修订的《中国银行业监督管理委员会中资商业银行行政许可事项实施办法》第十一条。

业信贷银行集团在新加坡开设分支机构,主要理由是其没有一个中央银行承担总监管责任。我国《外资银行管理条例》规定,在中国申请设立外资银行分支机构须满足以下基本条件:所在国的金融监管完善;受到所在国监管当局的有效监管;得到所在国监管当局的同意。①

六、总行支持的要求

在外资银行的准入条件中,各国往往要求外资银行的总行必须拨付最低限额的运营资金,并以法律形式确立,要求总行对其分支机构的经营活动或负债承担责任。目的在于确保外资银行安全有效地运营,保障本国存款人的利益。发达国家一般要求申请人的母国机构出具书面声明。如英国、美国的宣言书。对此,我国也有类似的法律规定。我国《外资银行管理条例》规定,外国银行母行应无偿拨备2亿元或以上的等值人民币的自由兑换货币作为其分行的营运资金;而外商独资银行、中外合资银行在华设立分行,则其总行须无偿拨给不少于1亿元或以上等值的自由兑换货币的营运资金。同时,要求在华设立分支机构的外国金融机构承诺在其分支机构出现危机时承担相应义务。中国人民银行规定,外国金融机构必须出具书面担保承诺其在华分支机构陷入危机时进行挽救。

七、外资银行经营人民币业务的规定

目前,我国已向外资银行全面开放了人民币业务。外资银行可以与中资银行面对同样的市场环境,通过服务水平竞争客户。《外资银行管理条例》规定,外商独资银行、中外合资银行按照银监会批准,可以经营的业务多达13项,包括吸收存款、发放贷款、票据贴现等,若经中国人民银行批准,还可以经营结售汇业务。②

区别对待法人银行和外国银行分行是《外资银行管理条例》一个明显特点。在零售业务方面,《外资银行管理条例》规定法人银行满足"开业三年盈利两年"的条件可以全面从事人民币业务,可以经营银行卡业务;分行除需要满足上述条件外,还需要单家审批,且对其业务范围作出限制,只能吸收居民100万元人民币以上的大额定期存款,不能经营银行卡业务。这些措施充分体现了金融稳定的原则,同时体现我国监管当

---

① 《中华人民共和国外资银行管理条例》第九条。
② 《中华人民共和国外资银行管理条例》第二十九条。

局对中国零售市场进行适度保护。按《外资银行管理条例》的要求，只有在中国境内注册的外资银行才可以在我国开展全面人民币业务。这是我国监管当局吸取西方发达国家的监管经验的体现。西方发达国家为保障本国金融体系安全，监管更加高效充分，采取审慎性监管措施，对外资银行经营本国货币的零售业务作出限制。例如在美国从事零售业务的外国银行的第一要求是成为联邦存款保险成员，而加入联邦存款保险的要求是加入成员必须是法人银行。且大多数外国银行分行只允许吸收10万美元以上的存款从事批发业务，只有1991年以前成为联邦存款保险成员的部分分行可以从事美元零售业务。客观来看，由于设立法人银行成本高昂，所以这一措施在一定程度上保护了国内银行业，特别是零售业务。这是符合世界贸易组织基本原则的，也是主要发达国家的普遍做法。

3.4.3 中国外资银行市场准入监管存在的问题

一、准入政策原则

对外资银行的超国民待遇与非国民待遇同时并存。在税收方面，外资银行享受的是超国民待遇，我国对中资银行所征所得税税率是33%，而对外资银行的是15%，甚至是零税率。在银行业务方面，外资银行可经营证券、保险、投资和信托等业务，而中资银行由于实行的是分业经营，业务受到很大的限制。所谓外资银行的非国民待遇，主要表现为人民币经营业务上不能发行金融债券、不能购买政府债券等。所以，应尽快解决外资银行的国民待遇问题。

二、准入法律制度

我国外资银行市场准入的申请与核准程序规则如下。

1. 审核与批准的时间限制与国内银行存在差异。我国在银行机构申请审查和批准时间上对外资银行和国内银行实行不同的标准，有悖国民待遇原则。目前，在《外资银行管理条例》中对外资银行申请批准的时间作了规定，时间为6个月并可根据实际情况再延长3个月，[①] 而在《中华人民共和国商业银行法》（以下简称《商业银行法》）中却对中资银行的申请时间和批准时间未作规定。世界上多数国家在此问题上

---

① 《中华人民共和国外资银行管理条例》第十五条。

并未作出区别对待，体现对外资银行的国民待遇原则。《外资银行管理条例》的这一规定造成了中资银行与外资银行的差别待遇，应对《商业银行法》作一些完善，使两者统一。

2. 缺乏设立机构许可的修改和撤销程序。从立法逻辑而言，一项法规的订立，应该同时具备申请程序、批准程序、修改和撤销程序。从我国其他法律中可以看出这一点，但《外资银行管理条例》中缺乏相应的设立机构许可的修改、撤销程序，应尽快修订出台相关的法律文件，补充规定核准的修改与撤销问题，以免由于申请人的申请及其核准发生错误或者因情况发生变化而导致核准不符合实际的情况发生。

3. 申请和审核的程序相对封闭。从申请到审核再到获得批准的整个过程中可以看出，申请和审核的主体主要是申请人和监管机构，在一定条件下，主体还包含经监管机构认可的会计师事务所，会计师事务所可以参与申请中相关专业性问题的审计，一定程度上体现了程序的封闭性。修改申请和审核程序的规定，应增加利害关系人参与，即真正掌握申请人真实情况的个人或机构，增加制度的合理性，使监管机构了解到的情况更加客观真实，真正实现客观、公正地进行审核。

4. 申请的拒绝程序不完善。《外资银行管理条例》中缺乏对申请人申请被否决后的申诉流程，赋予银监会对设立外资银行申请行使否决权的同时，仅要求决定不予批准的，应当说明理由，没有申请人对不批准的决定是否可以向有关机构申请复审、复议或者提起诉讼的规定。[①] 这样致使监管部门与申请人的权利义务不匹配，当银监会不受理设立申请或不批准设立申请的情况下，申请人只能被动接受而不能寻求帮助。同时，《中国人民银行行政复议办法》对中资商业银行作出了相应规定，中资商业银行申请人具有复审、复议或提出诉讼的相关权利，针对外资银行和中资银行在设立申请法律方面的不匹配，反映出我国仍未真正实现外资银行的国民待遇原则。随着我国经济的发展和开放程度的日益增加，外资银行的设立申请必然越来越多，出现拒绝准入的情况也随之增加，有必要尽快规范，填补目前现有制度在该问题上基本空白的状态。首先，将列举与概括的方式结合起来，规定申请被拒绝的事由；其次，

---

① 《中华人民共和国外资银行管理条例》第十五条。

规定拒绝通知的标准化流程。明确规定监管机构拒绝申请人设立申请后须用书面通知，列明拒绝的详细理由，申请人可以采取的措施、程序和具体方式，以及监管部门重新考虑申请所需的条件；最后，设立对监管当局的监督程序。从世界各国的实践经验分析，应该设立司法审查监督机制，申请者受到监管当局拒绝申请时，在法律上保证申请者有通过司法途径抗辩的权利。

三、参股入股规定

我国目前针对金融机构方面的规范性文件包括法律、行政法规、法规性文件和部门规章四种。《中华人民共和国中国人民银行法》（以下简称《中国人民银行法》）、《中华人民共和国银行业监督管理法》（以下简称《银行业监督管理法》）、《商业银行法》、《中华人民共和国公司法》（以下简称《公司法》）、《境外金融机构投资入股中资金融机构管理办法》、《股份制商业银行公司治理指引》、《商业银行内部控制指引》、《商业银行信息披露暂行办法》是目前我国银行金融机构的主要法律、法规性文件和部门规章。从中看出我国目前尚无专门针对外资银行参股入股中资商业银行的立法。现实上我国外资银行有关对中资银行的参股行为只能由现行其他相关法律法规进行调整。目前外资银行参股中资银行监管立法存在的问题归纳起来主要有：

1. 立法内容滞后。我国现行银行法律、法规对于外资银行参股进入中资银行并没有明确的法律、法规来规定，现有规定相对滞后，漏洞较多，某些规定模糊、笼统，缺乏针对性，甚至相互冲突。

2. 立法层次低。2003年银监会发布的《境外金融机构投资入股中资金融机构管理办法》是在我国现行法律规范中与外资银行参股中资商业银行关系最为密切的，但其仅为法规性文件。同时，《商业银行内部控制指引》、《股份制商业银行公司治理指引》、《商业银行信息披露暂行办法》等规章立法层次太低，权威性不高。

3. 立法可操作性不强。2003年银监会发布的《境外金融机构投资入股中资金融机构管理办法》作为法规性文件，涵盖的内容不全面，原则性、指导性的内容比较多，并没有很强的有针对性的可操作规定。比如，"境外金融机构向中资金融机构投资入股，应当基于诚实信用并以中长期投资为目标",①这一条属于意向性的指导条款,只是原则性的规定。《中国人民银行法》、《银行业监督管理法》、《商业银行法》、《公司法》等相关法律也只是笼统规定与外资银行参股中资商业银行相关的一些问题,针对性、可操作性不强。《公司法》里面存在有关参股的股权方面的责任与义务的条文,但是其主要针对对象是所有公司,并没有明确的对于商业银行这个特殊的主体的约束条文。内容比较笼统,大多是原则性的,并没有具体的衡量标准,导致在实际操作的时候,缺乏明确的执行标准。《商业银行法》针对的对象只是传统的银行业务,对于由外资银行参股中资商业银行而衍生新型业务,同样只是原则上的规定,不具有现实的操作性。如《商业银行法》规定了商业银行的设立和组织机构、贷款和其他业务的基本规则、存款人的保护、监督管理、财务会计、接管和终止以及法律责任等问题。

四、代表处设置准入不明确

《外资银行管理条例》对外国银行设立代表处未作详细规定。由于代表机构不允许从事经营性活动,一般不会产生经营性负债问题,因此对申请人经营状况的要求是多余的。在关于代表处设立的申请条件上,是合法经营显得相对重要,而没有必要设定"具有持续盈利能力"的要求。②

五、区域准入政策不详细

我国在外资银行设立申请上对申请者的国别、投资区域、申请设置机构数量等问题未作明确的规定。西方发达国家一般有详细的条文说明。如美国在引进外资银行时,十分重视对申请者状况的调查及和申请者母国金融监管机构的沟通。美联储会要求申请机构母国金融监管当局评估申请机构的整体财务状况和管理水平,考虑申请机构在美国设立的分支机构数量与质量、外资银行对本国经济金融的整体影响、美国本土对外资银行所提供的金融服务的需求程度、美国与外资银行母国的贸易和金融合作程度等,从而对申请设立外资银行机构的国别、设立数量和设立地区作出相应适当的限定,达到外资银行能充分为美国金融、贸易

---

① 《境外金融机构投资入股中资金融机构管理办法》第五条。
② 《中华人民共和国外资银行管理条例》第九条。

服务的目的。我国的外资银行地区分布极不均衡，大都集中在沿海开放地区。要充分发挥外资银行对我国经济发展的作用，必须战略性地考虑问题，调整外资银行在我国的区域分布，要实现这个目的，在法律层面上，目前的《外资银行管理条例》和相关文件的规定远远不够。

六、许可费制度

银行业是特许准入行业，世界各国都在银行设立的立法中特别规定了许可费用。监管部门在审查银行的设立申请时必然有人力、技术等成本，需要申请人缴纳相关费用，但目前我国在外资银行市场准入的相关法规中并没有这方面的规定。我国外资银行的注册和登记由工商行政部门统一负责办理。在注册登记费用方面，相关的法律规定没有体现出外资银行的特殊性，与一般外资企业使用统一的注册登记收费标准。我国相关法规明确指出，外国银行在我国设立分行，统一按照上述外商投资企业登记收费标准执行。此种许可收费体制存在极大缺陷。首先，金融业作为特许行业，其前期准备工作和开办成本不同于一般企业，单单考虑监管机构的审查监管成本就远远大于对一般企业开办的审查成本，不宜将一般企业的开业登记费与金融业尤其是银行业的许可费混为一谈，作统一标准对待，应用专门的立法确定对外资银行的许可费收费标准。其次，收取主体与其监管职责不相匹配。外资银行的监管主体应为负责审核其申请资格并颁发执照的金融监督管理部门，工商管理部门履行的是对一般企业的市场准入和经营管理职责。最后，不同的外资银行形式应有不同的许可费收费标准。对于分行、子行、合资银行等外资银行机构形式，由于其业务经营范围不同，同时考虑国家政策扶持和鼓励程度的不同，实行不同的许可费收费标准。综上所述，目前《外资银行管理条例》及《中华人民共和国外资银行管理条例实施细则》并不能适应目前我国外资银行的现状，应根据实际情况规定许可费的征收机构、收费标准、缴纳费用的时间、许可费与注册登记费的区别以及缴纳许可费的具体流程等内容。

七、人民币业务开放

按照世界贸易组织协议的规定，我国全面放开金融业过渡期即将结束，马上面临的是对外资银行全面放开经营人民币业务的要求，这在很大程度上增加了银行业监管的难度，主要的标准为以下四个方面：

3　我国外资银行市场准入监管分析

1. 外资银行人民币业务资金的流动性问题日益突出。由于目前我国实行的是禁止资本项下的人民币自由兑换业务，因而产生出外资银行人民币的资金流动性问题。分析原因有如下两个方面：（1）外资银行的人民币资金来源与运用之间不相匹配。外资银行存款业务主要以吸收活期存款为主要吸收途径，因而相对来说外资银行的资金稳定性偏低。同时，存款的高度集中化，使得大户存款占其存款总额的比重偏高，使外资银行的存款基础缺乏广泛性和稳定性。外资银行贷款的贷款期限和投放方向都表现出过于集中化。因此，在人民币业务的资金来源和资金运用方面就有了不匹配的问题出现，高度集中的存款与贷款又导致外资银行资金安排上的困难，如果一旦出现大客户集中提款即挤兑现象或贷款出现大量不能按时按计划回收的情况，外资银行将马上陷入资金流动困境。所以，外资银行潜在的流动性风险十分突出。（2）外资银行在人民币资金拆借市场上筹措资金的能力有限。我国货币市场落后，融资的市场风险由各金融机构自行承担，也使得外资银行从同业拆借市场上筹集资金的成本上升。

2. 外资银行潜在隐患不断增加的很大一部分原因归结于其担保业务数量的快速增长。为满足外商投资企业对人民币需求日益增加的业务增长需要，外资银行往往忽视风险，纷纷为客户开出外币备用信用证或直接出具人民币担保，用于客户向中资银行借入人民币资金。虽然这有利于提高中资银行的资产质量，建立和外商投资企业的业务往来关系，优化客户群体结构，但同时也给外资银行自身带来了新的问题和挑战。外资银行客户拿着其外资银行开具的外币备用信用证，向中资银行借入人民币贷款，若该客户出现周转困难不能按时向中资银行还贷，此时对客户开具外币备用信用证的外资银行必须履行约定，将其登记备案的外币信用证结汇成人民币，倘若出现极端情况，需要同时履约的数量巨大，那么人民币将面临汇率波动的压力；如果外资银行出具的人民币担保超出其承受能力，履约时缺乏足够的人民币，人民币资金流动性问题就会马上显现。以上两种情况都将迫使监管部门放松限制，允许资本项目下人民币的兑换，相应地增加人民币的供应，动摇人民币币值。

3. 监管滞后于金融创新将可能削弱监管机构对外资银行监管的有效性。我国现行的银行监督手段在复杂的金融交易、国际性的外资银行业务面前越发显得有些力不从心。外资银行金融业务的不断创新将不断地向我国银行业监管发出挑战。比如，外资银行可以经营外币之间的掉期、远期、期货、期权等业务，而目前国内的商业银行一般还不能进行外汇远期业务。此外，外资银行还能经营诸如商业代理、保险中介、消费信贷、金融租赁、投资组合以及金融衍生工具等我国商业银行尚未开展的新金融业务。

4. 我国资本项目管理的技术难度加大。随着我国加入世界贸易组织、全面开放金融业的步伐临近，外资银行的服务对象也扩展到了中资企业，而外资银行可以在国际金融市场上进行低成本融资，同时，外资银行相对先进的管理经验和服务水平，将在融资市场上抢占大量的原本属于中资银行的中资企业客户，进而加快了本币与外币的融通，并推动了国际资本的流入和流出。我国资本项目的管理难度无疑将增加。

从上面的评述中总结出，随着人民币业务的全面对外开放，我国的银行业监管将面临空前的挑战。对外资银行实行有效监管的难度越来越大，并将面临由于我国相关金融政策法规的限制而导致外资银行人民币经营业务中潜在风险加大的局面。

八、监管理念

我国传统社会是一个中央集权国家，当权者极度迷信权力，对法制化建设漠视，重权轻法的思想意识根深蒂固。反映在外资银行金融监管方面，则体现为监管制度的法治化水平严重不足，监管机构自身缺乏监督制衡，从而使我国外资银行金融监管呈现出一定的随意性。监管人员缺乏对法律的崇仰，法律意识不足，而执法者正确执法是建立在执法者本身具有较高的法律意识上的。发达国家经济金融发达，金融监管成功，是建立在其完善的法律体系、高度法律意识的执法人员基础上的。当前我国金融监督法律并不完善，外资银行金融监管的执法人员法律意识普遍不高，无法全面准确理解金融监管法律法规及立法精神，个别执法人员缺乏足够的职责意识，贪图私利徇私枉法的现象时有发生。

4 外资银行市场准入监管的博弈分析

4.1 监管的成本—收益分析

4.1.1 监管的成本—收益分析概述

从经济学的角度,银行监管实际上也是一种资源配置的行为。监管当局实施监管时必定会耗费资源,当我们实施银行监管的时候,监管是否可行?用经济学的话讲,成本是否为收益所覆盖?监管当局在贯彻实施监管条例的过程中所耗费的资源成本是否超过实施监管目标后的收益?或者运用机会成本的概念,监管过程中所耗费的资源是否得到最充分的利用,如果该资源用到其他的地方,是否可以带来最大收益?因此,当我们在追求银行业监管目标时必须考虑两个方面的因素:一是监管成本因素;二是监管收益因素。监管成本包括直接成本和间接成本(见图4-1)。直接成本是由于银行业监管所引起的直接的资源耗费,既包含监管部门对银行业监管过程中损耗的资源成本,同时也包含被监管者在遵守监管条例下损耗的资源;由银行业监管引起的间接效率损失称为间接成本,主要指因被监管者改变原来行为方式所造成的福利的损失。

4.1.2 监管的成本

一、直接资源成本

直接资源成本可分为由政府负担和由企业负担两部分,由政府负担的成本称为行政成本(Administrative Costs),由企业负担的成本称为守法成本(Compliance Costs)。

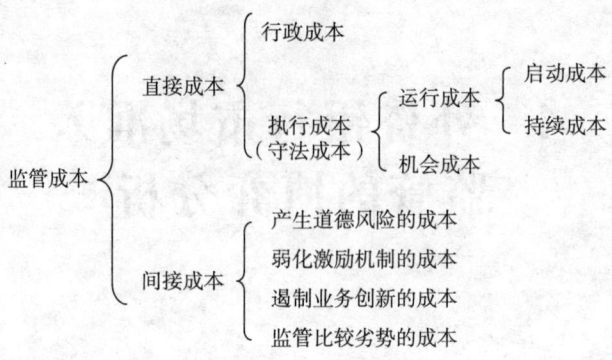

图 4-1　监管成本分类图

（一）行政成本包括人力、物力、财力消耗，它是指各国政府在设立监管部门来制定和实施有关法规制度过程中所出现的成本。行政成本主要包括以下三个方面：

1. 金融监管当局的机构设施、设备配备成本。以我国的银行监管主体为例，自 2003 年中国银监会接替中国人民银行成为银行业的官方监管机构以来，先后在全国设分支机构 36 个，对于一套庞大的机构系统，选择办公地点和购置所必要的正常办公的各项设备就要花费很大一笔款项。

2. 要很好地组织起来实施运作银行监管工作支付的成本。包括现场检查和非现场监管。监管机构的非现场检查要投入很多人力、物力、财力，现场检查花费更是巨大，如果组织全国性的现场检查，更是消耗庞大的金钱数目。这些都是监管活动所支付的成本。尽管由于监管层次不同，在实施中所投入的成本不一，但监管成本是必须损耗的。也就是说，有成本投入才能展开正常的监管工作。

3. 监管的人力资源所支付的成本。该项成本主要指监管的人力资源配备及培养。银行业的发展依靠人才，银行业的监管更需要人才。当今国际金融市场，银行业并购、整合不断加快，创新能力和风险管理能力不断提升，银行监管对人才的综合素质越来越看重，近年来发生的金融危机就是金融创新所致，此次危机的蔓延、扩大的根本原因就是金融监管滞后于金融创新。前车之覆，后车之鉴。对金融监管机构具体的执行监管职能的人员进行全方位的专业知识技能培训是金融监管活动有效进行的必要条件。这些年，我国不断加大对金融监管部门人员的培训，采用多种手段提高我国金融监管人员的素质，以应对不断出现的金融监管新形势。

随着银行业的不断发展，银行监管的行政成本不断提高，美国学者 Clarkson 和 Miller 经过长期的艰苦实证研究，得出一个结论，就是美国从 1970 年以来，金融监管机构和金融监管行为所付出的成本越来越多。按 1970 年不变美元价格计算（忽略通货膨胀因素），1971 年美国 57 个监管机构的行政费用为 12 亿美元，而到了 1979 年，这笔费用达到 30 亿美元，也就是在短短的 9 年间，监管机构的行政费用增长了一倍多。此外，1979 年美国 57 个监管机构员工总数是 1971 年的 3 倍，约为 87 500 人。发达国家都存在类似的研究，如英国的 Goodhart 曾经在一篇专门谈监管成本的文章中举例，在 Goodhart 写这篇监管成本的文章期间，一年时间内，英国证券与投资署（SIB）曾经多次大幅度地修改相关草案的金融监管制度，并对其中不足的地方作出补充，最后成文《投资业监管条例》并颁布，《投资业监管条例》册子单本重 4.5 磅，单从这册条例的重量就可以知道是个多么复杂的过程，花费多少时间。著名的经济学家 D. Lomax 在金融监管成本方面更是作出过全面的研究，他的研究指出，在新的金融监管制度的设立和实施的过程当中，会在城市中形成万千纸片飘絮的壮观景色，单单 SIB 的行政费用就会达到 800 万英镑的巨资；如果考虑到其他自我管理组织（SROs）产生的费用，监管成本将飙升到 2 000 万英镑左右。若继续考虑其他的监管部门费用，那么这个数字将更加庞大，成本之高或许超过这些年以来社会闻名的所有丑闻中涉及有损失的投资者的损失金额的合计数。

（二）守法成本（执行成本）

换到被监管者的角度看，银行为达到监管目的，执行监管条例的成本包括：雇佣人员保留指定记录数据的人员雇佣成本；为监管需要购置的办公设施及场所的费用；高额的专业律师咨询顾问聘请成本；还有其他规定的各项必须缴纳的费用：存款准备金、存款保险金、补偿基金、坏账准备等琳琅满目的费用。这些费用都统称为执行成本，执行成本是企业或个人为遵守监管当局的法律法规所必须付出的费用，它是应监管而生的，又叫"守法成本"。它们是由于监管当局的预防性监管和保护性监管而引起的成本。机会成本（Opportunity Costs）加上运行成本（Operating Costs），二者共同构成执行成本。银行机构为了满足监管当局的要求和遵守银行法而发生的成本称为运行成本。运行成本又可以细分为持续成本（On-Going Costs）和启动成本（Start-Up Costs）两个类别。持续成本指被监管的金融机构为达到监管标准而作出多次的修改，包括撰写监管报告需要支付的人力、解决客户的法律纠纷所付出的有关法律纠纷的资金、营业检查的准备使用费等合计成本。为了使某一项的监管要求达到监管机构订立的标准所一次性产生的费用我们称为启动成本，包括对银行职员进行培训以使其理解新监管要求的培训费用、购置新的硬件、销毁旧的单证、设计新的单证的花费等。

机会成本是指银行机构由于监管当局的法定禁令而无法从事某项业务的机会损失。如现代商业银行的准备金制度，监管当局要求银行按照国家监管法规的规定上缴符合金融监管要求比例的存款准备资金，这项资金是从事银行业务的商业银行必须向中央银行缴纳的，因而缴纳的存款准备金国家不会支付利息或只给很少的利息，银行失去的这部分利息收入对银行来说就是一种成本；或限制银行只能从事分业经营，不得综合从事证券、基金、保险、房地产、信托等高利润业务；设立监管法规不允许外资金融机构如外资银行跨地区设立营业场所和分支机构，使其不能从事跨地区的金融业务，比如禁止外资银行进行异地存款、异地贷款及异地查询等增加利润收入的机会，只能在批准设立的地区开展业务等。

二、银行监管的间接成本

银行监管的间接成本是指这种成本是隐性的，它不表现在政府的预算支出上，也不表现在单个银行机构的直接支付上，银行监管的间接成本将体现在银行由于效率低下而引起的社会损失上，也是一种机会成本。它包括四个方面：由于银行监管而引发的道德风险成本；监管会弱化人员激励机制、牵制业务发展；监管会遏制业务创新；严厉的金融监管凸显金融环境的劣势，这些在一定程度上都会造成整个社会效率的损失。

（一）道德风险的问题

由于严格苛刻的金融监管，使银行将化解风险的希望全部寄托在监管机构的身上，银行自己对风险警觉有所放松，可能产生很大的危机，这就是所谓的道德风险问题。比如银行的信贷人员往往不注意认真考察甚至不考察借款人的资信状况，只是单纯地认为只要他给某类借款人的放款低于官方的限制性规定就肯定是安全的，中国银行纽约分行事件的起因就是这样。近年来虽然国家政策指导支持中小企业的发展，要求银行向中小企业发放贷款，但是银行的贷款却集中于国有大中型企业，就反映了我国当前严格监管下银行业的道德风险问题的严峻性。

（二）过于严格的金融监管，会造成银行机构畏缩不前，宁愿选择不犯错、少犯错而尽量回避有风险的正常业务，压制其发展，致使银行静态低效率

银行业保有适度的竞争是必要的，但是由于银行业的特殊性，银行业的监管往往是非常苛刻的，这样使一些合理的有助于增进金融体系效率的竞争也遭到扼杀。从近年来的金融监管活动实践来看，银行监管当局对不良贷款放贷人设立终身责任制，从某种意义上来说，减少了我国银行业的业务风险，增强了信贷人员的道德责任。但这种严格的监管制度在促进银行业稳定发展、审慎经营的同时，也会由于各项严厉的处罚措施压制银行机构从业人员的积极性，使得一定程度上阻碍了银行业务的发展和效益的提高，如某些银行机构产生的"惧贷"问题。譬如自1993年，中国人民银行为了有效遏制违规业务的无节制发展，制定了十分严格的规章制度和加大对金融违规人员的处罚力度，但是这种严格的银行监管使得银行业务不能得到有效运营，牵制了银行业的发展，如当时就有因担心出现不良贷款问题怕受到处罚而不敢放贷的行为。金融监管要适时定出最佳力度，过于严厉将会削弱竞争，产生静态低效率，付出了一定程度上的成本代价。回顾改革开放30年以来我国银行业的准入情况，通过对比允许私营资金进入的行业和未对私营资金开放的行业的效率，就可以得到一个结论，即过于呆板苛刻的监管制度会让我国银行机构的效率长期处于相对低下的水平，限制我国金融业的发展。

（三）金融中介的业务创新可能由于受监管而停顿，产生动态低效率

银行的创新业务一般都会为银行带来新的利润增长点，使金融机构的业务发展和利益跃升至更高更佳的层次。但理论往往过于理想化，由

于在业务创新过程中,会同时存在诸多不确定的因素,所以创新的同时会伴随一定程度的风险成本。其实,业务创新不仅仅是单个银行的事情,它往往具有外部性,当业务创新成功,这种创新成果最初为创新企业所垄断,为其带来超额利润。随着创新成果外部性的不断加深,创新企业的超额利润逐渐减少,最终只能获得社会平均利润。银行机构创新有效益,也有风险,由于银行业的特殊金融属性,银行创新所形成的风险往往波及整个行业乃至整个金融市场。2008年源于美国的次级债券危机,最终酿成了百年一遇的全球金融危机。各国由于认识到过分放任自由的金融发展带来的灾难性后果,在今后的银行业务创新方面都会仔细考量,有所遏制,从而会使其利益有所损失。同时,世界金融局势不断地变动发展,使得原有的最佳监管措施将逐步在新形势中不合时宜。实际上,金融监管也是一个不断创新的过程,现实中,金融监管的创新往往滞后于业务的创新,若一味怕风险而限制银行发展新业务,就会妨碍银行创新,这也是监管引发的,对业务创新而言就是一种成本负担。

(四)严厉的监管可能凸显本国金融环境的劣势

由于严格的监管,跨国金融机构会重新考虑其从事的业务的地址,从而使自身的守法成本最小化,这实际上就是监管套利。英国的经济学者吉米·高尔(Jim Gower)在其著作《投资者保护评论》中指出,太过严格的金融银行业监管想得到很好的实施将要付出相当的代价,而且往往会弄巧成拙,形成"一招不慎,满盘皆输"的局面。严厉的监管使得本国的金融环境相对他国而言处于劣势,这样,部分跨国业务就会转移到其他金融中心,从而造成本地区或本国利益的损失。

三、银行监管的变迁成本

银行监管的变迁成本是对发生银行监管制度的重大变革引发的成本的简称,仍旧属于直接成本或间接成本的范畴。监管对象、目标、工具乃至监管主体都随时有可能发生变化,监管制度的变迁时刻在发生,但剧烈的或颠覆式的监管制度的变革往往是在短时间内完成的。制度的渐进式变迁会在不知不觉中进行,不会表现出独有的成本,但是当系统遭遇到重大变故、产生危机造成监管巨变时,监管的变迁成本就会呈现出来。由于巨变的监管变迁成本会以突进式的方式表现,使人们难以接受,一般都会有政府的权力强制其实施。有两种原则会促成突进式的变

4 外资银行市场准入监管的博弈分析

迁：一种是由于危机引起的监管制度变更或为适应发展而进行的制度变革，经济或银行危机爆发造成旧监管体制遭到废弃。20世纪30年代的经济大危机促使主要发达国家进行金融监管体制改革，自由银行业以及证券业的银行制度被严格的监管制度所取代，经济金融理论领域的主流派别发生了改变，这一监管制度的变迁以及理论变革正是对危机的反应，不同监管理念产生的制度变革往往是由危机造成的突进式变迁造成的，由于这种形式的制度变迁否定原有的监管制度，所以要么是银行抑制向银行深化转变，要么是计划经济向市场经济过渡。危机造成的突进式变迁成本仅仅是新制度生成后的机会成本。另一种是为了经济或者银行的发展进行制度的转轨或者制度的革新。以中国的改革开放举例，1978年以来的经济体制方面的改革，同样冲击了中国固有的银行监管体系，促成我国银行体系适应经济体制改革而发生变革。突进式变迁成本包括制度转换前后的摩擦成本和新制度生成后的机会成本。

（一）制度转换前后的摩擦成本

摩擦成本源于两个方面：一是为了消除新旧制度之间的摩擦或减少制度变迁过程的阻力所花费的成本；二是新制度的构建成本。在由旧的银行监管制度向新制度转变过程中，必然会遇到阻力，既有原有体制下的受益者的阻力，也有新体制构建过程中的阻力。银行监管者、银行机构和银行业务消费者在对长期的原制度的适应下产生习惯，并对自己的成本收益产生了比较牢固的稳定的预期，在长期的多次博弈中达到特定的均衡状态。若有新制度引入，各个利益集团就会以自身的利益为前提，评估各方的成本和收益，使利益集团的利益预期发生变动，又将在长期的不断反复的博弈中寻求新的均衡产生。新的监管制度造成的成本和收益的不确定性又会产生监管当局、银行机构和客户的抵触情绪。新的监管制度不可能一开始就尽善尽美，在新制度的形成过程中，旧制度将同时并存，两种制度的相互争斗，使得旧制度的体制成本依旧存在，旧制度向新制度的转换交易成本就是一个逐步摩擦、激发矛盾而又相互妥协的进程。

（二）新制度确立进程中的机会成本，往往表现为寻租成本

在新制度形成的过程中，制度制定者和被约束者有不同的目标函数，制度的制定者和约束者不断地完善制度以最大限度地减少搭制度便

车的可能性。而博弈的另一方被约束者则总是竭尽所能地寻找制度漏洞和薄弱环节，以减少对其自身的束缚，同时寻求使自己利益最大化的机会和途径，这实质上就是猫鼠博弈过程。新制度往往是在旧制度中孕育，并威胁旧制度的利益既得者，因此在新制度推进过程中，原有的利益集团将充当重要的角色，旧制度的利益获得者会违背道德，通过寻租来维系原有的利益模式，于是寻租行为便充斥着制度变迁的整个过程。

一般来说，变迁成本是在制度转换过程中发生的，因此变迁成本具有两大特点：一是时间集中；二是金额巨大。我国正处在银行监管制度不断变革的过程中，变迁成本往往备受关注。自2003年银监会成立以来，原先中国人民银行的监管职责转移到银监会，分立成本和协调成本在这个变迁过程中突出显现。分立成本是一种制度变革过程中浪费的办公性支出。我们不妨推测一下银监会的分立成本，全国一共36家派出机构，每家的办公设备和人力成本以1亿元计算，分立成本总额就达36亿元。协调成本指的是在混业经营趋势下，分立的专门银行监管机构与其他金融监管机构在协作、协调过程中支付的成本。除分立成本和协调成本外，机会成本也是不容忽视的。

银行监管的成本巨大，在银行监管体制改革过程中，又将面临巨大的变迁成本。体制改革的成功与否不仅取决于监管成本，还依赖于监管的收益。因此，银行监管的收益分析也就是极为必要而且非常重要了。

4.1.3 监管的收益分析

一、银行监管促使金融机构收入提高

由于信息不对称和银行拥有信息优势，银行业是一个自然垄断行业，这也要求对银行的准入进行限制，准入限制会增加银行的特许权价值。与不存在金融监管作比较，由于金融监管因素存在促使个别金融机构实现了相对较高的收入水平。换句话说，金融监管是单个金融机构收入的函数，二者呈正相关关系。Petersen和Rajan（1994）分析得出，拥有一些垄断权利的银行实际上更有动力花费一些必要的成本去克服信息障碍，从而更有效地配置信贷资源。由于监管的存在而使被监管者增加了成本，确切地说是执行成本增加，而使净收入减少。因此，金融监管使得被监管机构收入的提高并非是立竿见影的，行业在监管的初期，被监管者的收入甚至是下降的。

二、实现更高的金融体系收入水平

金融监管可以通过保护系统内部正当有效的竞争来实现避免系统性风险的出现，以提高整个金融体系的收入水平，同时可以有效消除负外部效应。综观国内外，金融业、房地产等行业一直是众多求职者追逐的对象，其根本原因在于这些行业的特许权价值较高。金融行业和其他社会行业的明显区别是金融行业的业务范围都受到各国金融监管机构的明确界定，且与其他行业之间以严格的准入机制构筑了坚固的防线。一旦这些行业委靡不振，政府往往会给予援助，因为它们关系到整个国家的经济运行状况。这样一来，整个金融体系就处在了一个较为独立的发展环境之中，较难受到其他因素，例如经济衰退、社会动荡的影响，从而保证了金融体系的安全性和垄断性，这必然会使整个金融体系的收入有很好的保证。

三、提高社会福利

从监管一般理论来看，金融监管是伴随着金融危机的局部和整体爆发而产生的一种保证金融体系的稳定、安全及确保存款人利益的制度安排。监管必要性在于以下几个方面：金融市场失灵如脆弱性、外部性、不对称信息及垄断等情况，为了纠正市场失灵，政府作为公共的代表提供了纠正市场失灵的金融管理制度。从理论上讲，金融监管至少具有帕累托改进性质，它可以提高金融效率并增进社会福利。但是现实中，金融监管是否能够达到帕累托效率，还取决于监管当局的信息能力和监管水平。关于完全信息和对称信息的假设，在现实经济社会中是不能成立的。在金融市场上，信息不对称是普遍存在的，接收资金的一方对于资金的实际用途、完成项目的努力程度、还款意愿和签约后的风险等往往更为了解。当贷款人要求的利率高得离谱时，借款人将面临两个严峻的问题：逆向选择（风险越大的项目融资更愿意负担更高水平的利率）和道德风险（一旦贷款发放后，借款人可能从事比承诺项目风险高得多的投机行为）。由于普遍的逆向选择和道德风险行为，造成金融监管的低效率和社会福利的损失。除了信息结构和信息能力的影响外，如果对金融机构所处风险环境不加考虑，实施非弹性或刚性的监管同样会导致金融效率和社会福利的损失，使金融监管无法实现帕累托效率。

为了减少甚至消除金融部门私人生产者无视自身行为的负外部效应对社会带来的福利损失，我们有必要对其肆意扩张行为加以外部约束，以避免因私人行为不当引起的经济金融秩序混乱而造成巨大的社会成本。

一个合理的、完善的、全方位的外资银行监管流程应该是一种动态的过程，包括外资银行准入监管、运营监管以及退出监管。而准入监管是预防性监管，它可以将风险拒国门之外。外资银行市场准入包括机构准入、业务准入、高级管理人员准入等，下面通过三个模型来分析外资银行市场准入过程中与监管当局之间展开的博弈。前面两个模型是针对机构准入监管的，第三个模型是针对业务准入监管的。第一个模型是完全信息静态博弈，第二个模型是不完全信息动态博弈，第三个模型也是不完全信息动态博弈。

4.2 外资银行机构准入监管的完全信息静态博弈模型

4.2.1 外资银行机构准入监管的成本收益分析

4.2.1.1 外资银行机构准入的主要形式

外资银行采取不同的进入形式，其在东道国的法律地位不同，监管的内容和方式也不同。东道国出于银行业安全、稳健、高效经营的政策目标，也往往对外资银行准入的形式加以甄别、取舍及政策性引导。外资银行可以通过多种形式在东道国开展业务：它可以不需要在东道国设立机构而从事跨国经营。例如设在英国的银行将美国居民的存款吸引到英国存放；它也可以通过并购的方式参股或控股东道国的银行来从事业务经营；它还可以通过直接在东道国设立机构的形式来拓展业务。综观各国的立法和实践，主要有以下几种形式。

1. 代表处

代表处是外国银行在东道国设立的最简单的机构形式，其本身不属于经营机构，一般不具有东道国的法人资格。它不能从事接受存款、发

4 外资银行市场准入监管的博弈分析

放贷款、办理票据的承兑等业务,其主要职能是从事与其代表的外国银行业务相关的联络、市场调查、咨询等非经营性活动,外国银行代表处的行为所产生的民事责任,由其所代表的外国银行承担。因此,跨国银行在东道国设立代表处往往是试探性的,一般对东道国的金融市场不具有实质影响。

2. 分行

分行作为总行的组成部分,是外国银行在东道国设立的经营性分支机构。它既可从事吸收存款业务,同时也可从事发放贷款等商业银行业务。分行的法律责任将由其总行来承担,以总行的所有资本作为基础或保证经营活动,在成立时必须有一定的资本金。外资银行分行自身不拥有独立的资本,也不具备法律上的独立地位,只是以总行的名义、信誉和强大的资本实力作为其后盾,在设立国发展银行业务。总行在法律上对分行的经营行为承担无限责任,正是由于分行在东道国并不具备法律意义上的法人资格,一旦跨国银行倒闭,其分行也将不复存在,因此东道国的居民和东道国将承担相对较大的金融风险。所以为了对分行能够实施有效的控制和监管,各国政府往往与母国开展国际协调监管合作,以达到监管跨国银行总行的目的。

3. 子行

子行是具有独立法人资格的外国银行在东道国设立的分支机构,可以从事东道国允许的全部银行业务,一般由母行拥有全资或多数股权。由于子行自身在法律上独立,拥有法人资格、独立资本,能以自己的名义在东道国独立地从事银行各种业务活动,同时拥有法人资格的子行对外独立承担债务责任,若子行出现风险,其母行仅仅以出资额为限度承担有限责任。由于子行是东道国的法人主体,其法律地位基本等同于东道国本国银行,因此东道国并不会特别注意子行外国母行的经营问题,只需专心地建立符合本国国情的金融监管制度,并贯彻实施监管子行即可。同时,由于母行并不直接以其资本实力支持子行,故子行的自身实力相对薄弱。综观全球,跨国银行主要以两种形式建立子行开展银行业务:一是在东道国新设子行;二是通过并购本土银行的方式进入东道国的银行业市场。近两年来我国银行业出现了外资银行参股中资银行的踊跃局面。仅仅在 2005 年短短的 4 个月里,就有多达 130 亿美元的外国资金投入中资银行。

4. 合资银行

合资银行是由东道国的金融机构和跨国银行共同出资建立的从事银行业务的金融机构，合资银行将依照东道国的法律开办业务。作为东道国的法律实体，合资银行拥有独立的资产、独立的名义，自负盈亏、自担风险。而对跨国银行来说，由于合资银行是两个或两个以上的机构共同出资而成，因而双方以各自的出资为限对合资银行的风险承担责任，共同经营。通常合资银行至少存在一位东道国机构股东，所以其可以更多地参与当地市场，往往可以享受多种东道国给予合资企业的优惠待遇；以合资的方式吸引跨国银行的进入，有助于东道国减少因外国金融资本过于强大而对本国金融市场造成的冲击，并且东道国金融机构在控制和影响上相对有优势，还有助于引进先进的经营技术和管理经验，产生双赢局面。

以上四种组织形式中，分行和子行才是外资银行发生实质性进入的有效组织形式，它们是本书的重点研究对象。

4.2.1.2 外资银行不同机构准入形式的成本收益分析

一、外资银行的成本收益分析

分行是母国银行在设立国的延伸，不具备独立的法人资格，由母国银行承担其风险。按巴塞尔委员会通过的一系列协议，分行与总行在债权债务上存在连带责任，跨国银行分行清偿能力的监管责任主要在于母国监管机构，流动性的监管责任主要在于东道国监管机构，母国监管机构对其所辖银行或银行集团进行并表监管。

（一）分行形式

1. 设立分行的收益

当外资银行以分行形式进入时，其收益的具体表现：第一，在引进外资方面优势明显。分行以总行资产和信誉为依托，享有总行广泛分支机构网络的支持，具备雄厚资金实力，对外融资能力和抗风险能力较强，可为大型跨国企业融通巨额资金。第二，母国总行以其全部的资本对分行负责，对分行的控制力较强，可以统一调配各分行间的资金，以实现其全球战略。第三，东道国监管责任相对较轻。根据巴塞尔委员会的《有效银行监管的核心原则》的相关规定，对外资银行分行的监管责任主要在于外资银行母国，东道国的主要职责在于确定母国有能力对

4 外资银行市场准入监管的博弈分析

国内及海外业务进行并表监管,并采取适当措施以使母国监管机构能够获得必要的监管信息,因而面临东道国的监管相对较轻,监管成本下降。

2. 设立分行的成本

由于分行不拥有独立的资本,而以总行的所有资本作为资金保证,也没有独立的资产和负债,在法律责任的承担上,分行不能独立承担法律责任,其总行必须为分行的行为和债务直接承担法律责任。当东道国的金融体系不稳定、分行经营面临巨大风险时,母行有可能因为分行的巨额债务而破产。分行受到母国监管的限制,只能经营母国法律范围允许的项目,而不能经营母国禁止而东道国允许的项目,从而在竞争上处于不利地位。

(二)子行形式

子行一般为独资银行。独资银行,又称为银行子公司,是指依东道国法律成立的、由一家外国银行拥有其全部或多数股权的独立的法律实体。它既可以是新设立的机构,也可以是对东道国现存银行进行兼并后设立的机构。独资银行为东道国法人,具有独立的法律人格,它拥有自己独立的资本,具有独立的资产和负债,可以以自己的名义从事经营活动,以自己的名义起诉应诉,并以其全部资产为限承担债务责任。

1. 设立子行的收益

第一,子行不存在风险溢出效应。母国银行只对子行承担有限责任,如果子行在东道国经营不善或由于东道国原因产生风险,母国银行仅以出资额为限对子行承担有限责任,即子行的风险并不能完全传导至母行,母行对其子行的影响也只是通过任命管理层的方式进行;相对地,母国银行出现的风险也不会传导到其子行,子行对母国银行的经营风险相对免疫。第二,母行经营范围限制并不能影响子行。第三,由于受传统文化等原因的影响,东道国的当地客户一般偏好于在本土银行办理业务,以子行的方式进入将有利于拓展业务,获得融资支持。

2. 子行的设立成本

设立子行的弊端:第一,由于子行、母行是两个相对独立的实体,故子行难以获得规模经济与范围经济带来的好处。第二,母行对子行的有限责任很容易导致母行的责任感缺失,使子行难以依托强大资金实力的母行,从这个意义上来说,子行失去拥有强大实力母行的依托,一定程度上影响了客户对其的信任度。第三，子行的设立成本更高，手续比分行更为复杂，同时会面临东道国更为严格的监管，从而比分行付出更高的监管成本。

二、银行监管当局的成本收益分析

东道国在制定外资银行进入的监管策略时，一般会根据本国金融体系的发展水平、外资银行监管的能力和经验，并结合监管当局的偏好。监管策略大致分为两种：法人导向型和分行导向型。以分行或者子行形式进入，各有优劣，目前还没有统一的结论。当前各国在规定准入形式时大致有三种不同的做法：多数发达国家允许外资银行采用任何一种形式进入，如美国、日本和欧洲部分国家；部分国家限制分行形式进入，如俄罗斯和1999年前的加拿大；部分国家允许外资银行以任何形式进入，但鼓励选择分行形式，限制法人行，如新加坡和中国香港。

（一）分行导向型的成本收益分析

由于不同的组织形式决定了机构间的债务结构和监管结构，分行的主要监管机构是母国监管者。如果跨国银行采用分行形式进行海外拓展，母国监管当局关心两种可能性的大小：用母行资产降低海外损失的可能性（P_1）与用分行资产降低母国损失的可能性（P_2），P_1越大说明海外的分支机构的风险相对越高，母国监管当局对海外分行更加严格，以便降低偿债风险；P_2越大说明母行的风险高于海外分支机构，母国监管当局对海外分行则越为宽松，利用分支机构救助母行。而东道国监管当局与母国监管当局的策略正好相反，当$P_1 < P_2$时，东道国监管当局对跨国银行分行的监管更严格；而当$P_1 > P_2$时，东道国监管当局对跨国银行分行的监管更宽松。

1. 分行的收益

第一，由于分行拥有所属银行集团的强大资金实力及庞大业务网络的支持，其经营能力和信誉均有保证，且分行因不是东道国法人，东道国对其不需承担"最后贷款人"的救助责任，而是由其母行及母国监管当局承担相应的救助责任。第二，分行依托母行的强大资金，在巨额资金融通方面相对于子行有无可比拟的优势。第三，如果东道国的监管能力较弱，设立分行由母国承担主要的监管责任，更有利于东道国金融系统的稳定。

2. 分行的成本

外资银行设立分支机构的方式不仅加大监管难度,而且容易引入国际金融风险。首先,外资银行分支机构没有独立的决策权,资金的调度受境外总行的影响,我国监管机关的监管手段因此受到限制。其次,由于其母行在境外,我国监管当局对其母行的风险难以监测和控制。一旦外资银行母行发生危机,风险会马上波及其在中国的分支机构,我国存款人债权的保障和清偿无法得到优先考虑。最后,外资银行是一个国家资金进出的重要渠道,其分支机构资金调度由境外的母行控制,可能成为大规模投机资金进出我国的通道,也可能在国内金融危机初显时抽逃资金,进一步加剧危机,从而出现拉美和东南亚国家金融危机的情形。

(二)法人导向型成本收益分析

根据《巴塞尔新资本协议》的母国并表监管和东道国运营监管的原则,外资银行监管实际上是母国和东道国监管机构监管责任的分配。如果外资银行采用子行形式进入东道国,从收益分配上看,子行的收益与母行的收益账面上是完全独立的,子行无法获得母行的收益,但母行有权从子行那里获得资本收益;从债务结构上看,母行对子行的债务承担是有限的,如果子行出现破产清算,母行仅以出资额为限承担责任,其中不足部分将由东道国政府负担。东道国监管机构的监管策略取决于子行项目的成功概率 p_f,而不依赖于母行项目的成功概率 p_h,将对子行项目进行成本收益分析。当 p_f 较大时,监管趋于宽松;当 p_f 较小时,监管趋于严格。对母国监管机构而言,由于母行只对子行承担有限责任,这相当于拥有一份看涨期权,即子行的出资额相当于母行付出的权利金,当行情看好时,收益无限,而行情看跌时,最大损失就是其权利金。

1. 法人导向型的收益

第一,从风险的传递性方面看,法人导向型可以屏蔽外资银行母国的银行风险。当母国发生银行危机时,由于母行和子行是独立法人,母国的风险无法通过子行在东道国进行传播,法人导向型有利于东道国银行体系的稳定性。第二,从监管的有效性和风险的可控性方面看,外资银行当地注册有利于监管当局对法人的资本充足率、大额授信集中度、损失拨备充足率、资金跨境流动及存款支付能力等进行实时、有效监管,有效阻止和实时监控大额资金跨境转出。第三,从存款保险的角度来看,当地注册便于法人银行加入东道国的存款保险体系。

2. 法人导向型的成本

第一,对于子行,东道国承担主要的监管责任,对东道国的监管能力要求更高,因而银行监管当局将会负担更高的监管成本。第二,一方面子行独立于国外母行并取得东道国法人资格,受东道国法律约束,东道国银行监管当局可以行使充分的监管权。另一方面在责任承担上,国外母行仅以其出资额为限承担有限责任。就风险传染性而言,子行与国外母行之间的传染路径由于它们之间的相互独立性而受到阻隔,但对于东道国来说,一旦子行发生危机,其承担的危机监管及处置责任将显著加重。第三,就跨国银行子行而言,其享受东道国国民待遇,并独立于国外母行,其与东道国国内银行一样,都有可能遭受特定的银行风险而引发流动性危机。此外,由于母行与子行之间货币资产的调出、转入现象非常普遍,这种跨国转移往往容易逃脱东道国监管当局的监管,因而,无法杜绝国外母行将自身风险通过这种跨国转移转嫁给在东道国的子行,这种跨国风险无疑会增加子行出现流动性危机的可能性。此时,东道国中央银行若履行最后贷款人职责以提高其流动性,由此会产生高额成本;如果不提供,容易给国内银行体系带来冲击,并有可能引发金融恐慌,给东道国造成巨大损失。

4.2.2 模型设计

1. 博弈的参与人集合为 $N = \{1, 2\}$。1 代表银行监管当局,2 代表外资银行。

2. 博弈双方的策略空间是,银行监管当局:{法人导向型,分行导向型};外资银行:{子行,分行}。m_0 = 法人导向型,m_1 = 分行导向型;a_1 = 子行,a_2 = 分行。

3. 博弈双方信息完全对称,而且为完全信息。外资银行可通过相关法规了解监管当局的类型,监管当局也可以通过外资银行的历史经营信息推断外资银行的类型。

4. 博弈时序。本模型为具有两个阶段的完全信息动态博弈模型。第一阶段,监管当局根据自身类型,制定相关法规以表明监管的策略和

4 外资银行市场准入监管的博弈分析

取向,并对外资银行采用限定进入类型、实行相关成本约束等政策。第二阶段,外资银行根据相关的监管法规、自身经营策略以及将面临的监管成本,选择进入的组织形式。

5. 局中人的支付函数如博弈树,假设监管当局为子行导向型,外资银行以子行形式进入,获得的净收益为 B_1,监管当局获得净收益 R_1。如果监管当局为分行导向型,外资银行以分行形式进入,获得的净收益为 B_4,监管当局获得的净收益为 R_4。

假设监管当局迫于政治压力,没有通过立法的方式禁止外资银行以分行或法人的方式进入,但是监管当局可以通过相关法规,提高外资银行进入的成本,从而引导外资银行以监管当局设计的方式进入。

如果监管当局为法人导向型,而外资银行以分行形式进入,监管当局和外资银行将面临额外成本 C_{R1} 和 C_{B1},C_{R1} 表现为当监管当局为法人导向型时,需要对其实施更为严厉的监管所付出的成本,同时分行受到母国风险传染的概率更大。C_{B1} 表示外资银行将面临更为严厉监管时所付出的成本,在设立资本和资本充足率上也面临更高的要求。

如果监管当局为分行导向型,而外资银行以子行形式进入,监管当局将承担额外成本 C_{R2},主要是因为东道国将承担更多的监管责任及救助责任。C_{B2} 表示外资银行设立子行的成本更高,同时将会面临更为严厉的监管(见图 4-2)。

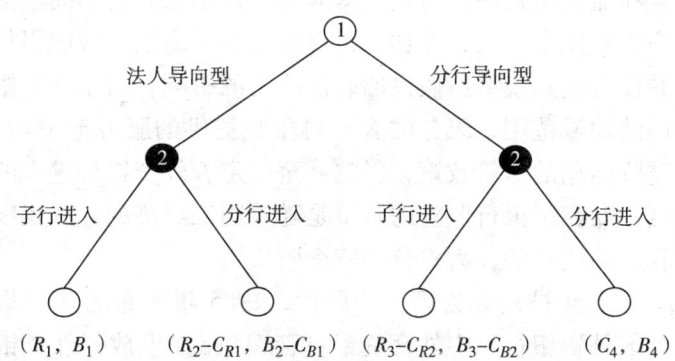

图 4-2 外资银行市场准入监管完全信息静态博弈树

4.2.3 模型分析

下面通过逆向归纳法,来求解模型的子博弈精练纳什均衡解。

1. 假设:$B_1 < B_2 - C_{B1}$,$B_3 - C_{B2} < B_4$,则分行进入是外资银行的最优策略。监管当局知道外资银行的进入策略,外资银行也知道监管当局的监管政策。(1)当 $R_2 - C_{R1} > R_4$ 时,监管当局将选择法人导向型;(2)当 $R_2 - C_{R1} < R_4$ 时,监管当局将选择分行导向型。

2. 假设:$B_1 > B_2 - C_{B1}$,$B_3 - C_{B2} > B_4$,则子行进入是外资银行的最优策略。(1)当 $R_1 < R_3 - C_{R2}$,尽管银行监管当局要付出更高的监管成本,在可以预见外资银行会采取子行进入的情况下,监管当局依然会选择分行导向型。(2)当 $R_1 > R_3 - C_{R2}$ 时,将会采用法人导向型。

3. 假设:$B_1 > B_2 - C_{B1}$,$B_3 - C_{B2} < B_4$,则外资银行会根据银行监管当局的导向来选择进入的方式。(1)当 $R_1 > R_4$ 时,监管当局选择法人导向型,此时外资银行选择法人进入策略;(2)当 $R_1 < R_4$ 时,监管当局选择分行导向型,此时外资银行选择分行进入策略。

4. 假设:$B_1 < B_2 - C_{B1}$,$B_3 - C_{B2} > B_4$,则外资银行会根据银行监管当局的导向来选择进入的方式。(1)当 $R_2 - C_{R1} > R_3 - C_{R2}$ 时,监管当局选择法人导向型,此时外资银行选择分行进入策略;(2)当 $R_2 - C_{R1} < R_3 - C_{R2}$ 时,监管当局选择分行导向型,此时外资银行选择法人进入策略。

然而,在监管实践中,与我们博弈的分析结果略有不同。由于中国的资本账户没有完全开放,在加入世界贸易组织之前,我国银行监管政策的制定并没有受到模型所假设的政治压力的影响,对于外资银行准入形式、开设的地域范围、服务的客户对象和提供的服务范围均有限制。中国银行监管当局的监管政策,影响甚至决定着外资银行进入的形式和进入的程度。而我国银行监管的政策是随着国家经济的开放程度和银行业的开放程度而变化的,大概分为三个阶段:

1978~1993 年被划分为第一个阶段,1985 年颁布的《中华人民共和国经济特区外资银行、中外合资银行管理条例》①放开外资银行在华经营的地域限制,开放深圳、珠海、厦门、汕头和海南 5 个地区设立外

---

① 该条例已失效。

4 外资银行市场准入监管的博弈分析

资银行营业性分支机构。该条例对外资银行注册资本、实收资本、营运资金等作出规定：设在经济特区的外资银行总行、中外合资银行，其注册资本不得少于八千万元人民币的等值外汇，实收资本不得低于注册资本的百分之五十；在经济特区设立的外资银行分行必须持有其总行拨给的不少于四千万元人民币等值外汇的营运资金。监管当局在此时表现为分行导向型，外资银行若以子行形式进入，C_{B2}表现为设立资本要求和营运资本要求等；若以分行形式进入，C_{B1}表现为营运资本要求等。在这个阶段，对外资银行的区域限制比较严格，允许设立营业机构区域仅限于几个经济特区，经营范围也同样受到限制。这些业务并不涉及人民币业务和对本地居民的金融服务，大多只与国际贸易有关。数据显示，至1993年年底，我国共有外资银行机构76家，涉及城市13个，涉及资产总额89亿美元。

1994~2001年被划分为第二个阶段，2001年发布的《中华人民共和国外资金融机构管理条例》中明确了外资银行的市场准入条件和监管标准。该条例规定：外国银行分行应当由其总行无偿拨给营运资金，金额不少于1亿元人民币等值的自由兑换货币；合资银行、外资银行的最低注册资本为3亿元等值的自由兑换货币。此时监管当局的政策导向依然通过设立的最低资本金来实施，但是外资银行的业务范围和经营地域有所扩大（见附录1），允许外资银行经营外汇存放业务，并可以在中国所有城市设立分支机构，并允许外资银行经营保管及保管箱业务、资信调查业务和咨询业务等。数据显示，截至1997年年底，外资银行机构在华数目达到175家，资产总额增长并超过270亿美元。

2002年至今被划分为第三个阶段，2006年《外资银行管理条例》规定：中外合资银行、外商独资银行在中华人民共和国境内设立分行，总行必须无偿拨营运资金，资金总额不少于1亿元人民币或者等值的自由兑换货币。而外国银行分行应当由其总行无偿拨营运资金，资金总额不少于2亿元人民币或者等值的自由兑换货币。要求分行在提出设立申请前1年年末总资产不少于200亿美元，子行在提出设立申请前1年年末总资产不少于100亿美元。2006年颁布的实施细则较之前的1994年、1985年实施细则在政策导向上发生了根本改变，监管当局首次规定设立子行的成本低于分行。此时C_{B1}相对较大，主要体现在外资银行经营人民币业务和银行卡发行业务的准入限制方面，外资银行分行在法人导向型条件下不允许经营人民币业务和银行卡发行业务。这与我国改革开放的国策下全面开放银行业及金融监管当局监管能力的强化有关。我国金融监管机构经过长期的发展和监管经验积累，完全有能力担任外资银行的监管任务。在进入世界贸易组织、全面开放的历史背景下，法人导向型更有利于我国监管当局对外资银行的监管和引导。在法人导向阶段，我国进一步放开外资银行的业务范围，使其可以从事人民币业务和证券业务（见附录2）。外资银行子行可以从事银行卡业务而分行不可以，同样表明了监管当局的政策导向。

4.3 外资银行机构准入监管的不完全信息动态博弈模型

4.3.1 模型假设

1. 博弈的参与人集合为 $N = \{1, 2\}$。1代表银行监管当局，2代表外资银行，且银行监管当局为法人导向型。监管当局为分行导向型时，模型设计和分析过程一样，此模型同样适用。

2. 博弈双方的策略空间是，银行监管当局：{监管，不监管}；外资银行：{子行进入，分行进入}。m_0 = 监管，m_1 = 不监管；a_1 = 子行进入，a_2 = 分行进入。

3. 博弈双方存在着信息不对称，银行监管当局相对于外资银行有信息优势，银行监管当局有两种类型 $\{\theta_1, \theta_2\}$，θ_1 = 强势政府，θ_2 = 弱势政府。强势政府推崇法律至上，更倾向于对外资银行的违规设立进行严厉处罚，其监管所获得的收益相对于弱势政府更高；弱势政府更推崇自由经济政策，主张放松监管，对外资银行监管的间接成本更高。弱势政府和强势政府由不同的政党、监管机构的管理层，或者不同的经济形势决定。银行监管当局的类型为私人信息，外资银行不知道，而银行监管当局知道。$p(\theta = \theta_1) = u$，$p(\theta = \theta_2) = 1 - u$。

4. 博弈时序，本模型为具有两个阶段的不完全信息动态博弈模型。

4 外资银行市场准入监管的博弈分析

第一阶段，银行监管当局在了解到类型 θ 的取值后，选择行动 m。第二阶段，外资银行在观察到银行监管当局的行动后，形成关于 u 的推断 $\tilde{u}$。对于给定的 θ、m、a，银行监管当局获得的效用为 $v(\theta, m, a)$，外资银行获得的效用为 $e(\theta, m, a)$。

5. 局中人的支付函数如博弈树，银行监管当局对偏离其政策导向的外资银行依法加强监管，付出的成本为 C，此时获得的收益为 D 或 d（强势政府获得 D，弱势政府获得 d）。R 为银行监管当局的保留收益。外资银行如果不偏离其政策导向，获得的超额利润为 0，如果偏离其政策导向，获得的利润为 P，同时受到政府的严厉监管，根据不同政府类型，分别为 $P-D$，$P-d$。$D=nd$，n 表示政府监管的决心，n 越大，政府越强势（见图 4-3）。

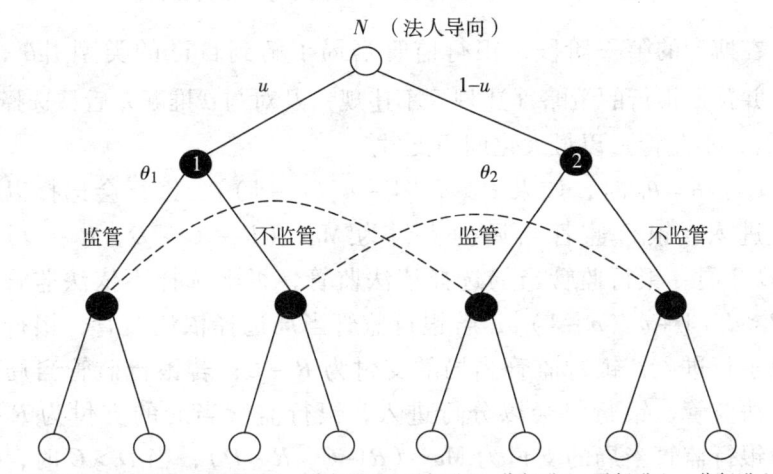

图 4-3 外资银行机构准入监管的不完全信息动态博弈树

4.3.2 外资银行推断依存的序贯理性策略

博弈的第二阶段，银行通过观察银行监管当局相关政策（监管，不监管）的条件下，形成对于政府类型 θ 的推断，并选择行动（子行形式，分行形式），以最大化自己的期望支付。

1. 当银行监管当局对偏离导向采取监管策略时,银行以分行形式进入的收益为 $\tilde{u}(P-D)+(1-\tilde{u})(P-d)=P-d[1+\tilde{u}(n-1)]$,如果以子行形式进入,收益为0。

2. 当银行监管当局不对分行采取加强监管政策时,银行以分行形式进入的超额收益为 P,如果以子行形式进入,超额收益为0。

3. 所以,当银行监管当局对分行采取加强监管政策时,如果 $P > d[1+\tilde{u}(n-1)]$,银行将会以分行形式进入;如果 $P < d[1+\tilde{u}(n-1)]$ 时,银行将以子行形式。如果银行监管当局对分行采取不加强监管政策,不论银行监管当局属于哪种类型的政府,有分行偏好的外资银行都会以分行形式进入,获得利润 P。

4.3.3 监管当局推断依存的序贯理性策略

在博弈的第一阶段,银行监管当局了解到自己的类型 $\{\theta_1, \theta_2\}$ 后,并预期银行的策略(违规,不违规)及对与 θ 推断 $\tilde{u}$ 后,选择策略(监管,不监管)以最大化期望支付。

1. 当 $\theta = \theta_1$ 时,如果 $P > d[1+\tilde{u}(n-1)]$,银行会选择以分行形式进入,银行监管当局的支付为 $Max(R-C+D, R-D)$。当 $D > C/2$ 时,银行监管当局选择依法监管,否则选择不依法监管。如果 $P < d[1+\tilde{u}(n-1)]$,若银行监管当局选择依法监管,银行将选择以子行进入,银行监管当局的支付为 $R-C$;若银行监管当局选择不依法监管,银行将会以分行进入,银行监管当局的支付为 $R-D$。因而银行监管当局的支付为 $Max(R-C, R-D)$,当 $D > C$ 时,银行监管当局将选择依法监管;当 $D < C$ 时,银行监管当局将选择不依法监管。

2. 当 $\theta = \theta_2$ 时,如果 $P > d[1+\tilde{u}(n-1)]$,银行将会选择分行进入,银行监管当局的支付为 $Max(R-C+d, R-d)$,如果 $d > C/2$,则银行监管当局选择依法监管,如果 $d < C/2$,则选择不依法监管。如果 $P < d[1+\tilde{u}(n-1)]$ 时,银行监管当局的支付为 $Max(R-C, R-d)$,当 $d > C$ 时,银行监管当局将选择依法监管;当 $d < C$ 时,银行监管当局将选择不依法监管(见表4-1)。

4 外资银行市场准入监管的博弈分析

表 4-1　银企监管博弈模型混同的子博弈精练贝叶斯均衡

均衡	条件	银行监管当局策略	银行的策略
1	$P > d[1+\bar{u}(n-1)], D > C/2$	监管 (θ_1)	以子行进入
2	$P > d[1+\bar{u}(n-1)], D < C/2$	不监管 (θ_1)	以子行进入
3	$P < d[1+\bar{u}(n-1)], D > C$	监管 (θ_1)	以子行进入
4	$P < d[1+\bar{u}(n-1)], D < C$	不监管 (θ_1)	以分行进入
5	$P > d[1+\bar{u}(n-1)], d > C/2$	监管 (θ_2)	以分行进入
6	$P > d[1+\bar{u}(n-1)], d < C/2$	不监管 (θ_2)	以分行进入
7	$P < d[1+\bar{u}(n-1)], d > C$	监管 (θ_2)	以子行进入
8	$P < d[1+\bar{u}(n-1)], d < C$	不监管 (θ_2)	以分行进入

4.3.4　模型分析

一、分行偏好型外资银行成本—收益分析

当 $P > d[1+\bar{u}(n-1)]$，不论银行监管当局是否依法监管，外资银行都会以分行形式进入。

1. 以分行形式进入时，外资银行的收益为 P，设立分行更符合外资银行的某种战略需要，如母国的风险比东道国的高，在母国银行发生危机时，分行可以部分分散母行的风险。

2. 对于 d 和 n。d 和 n 越大，表明银行监管当局对分行形式进入的监管越严格，从而银行分行形式进入的成本越高，银行越倾向于子行形式进入。

3. 对于 $\bar{u}$，不论是强势政府或是弱势政府，都应通过相关法规，树立对于违规经营严厉打击的形象。政府的形象越强硬，银行违规经营的概率越小。

二、监管当局监管的成本—收益分析

当 D、d 越大，银行监管当局政策导向成功获得的收益越高，因而越倾向于依法监管；当 C 越大，银行监管当局加强监管的成本越高，越倾向于放松监管。

1. D 或 d 越大，不论对于强势政府或弱势政府，银行监管当局政策导向成功获得的收益越高，即政府的战略意图、风险防范的收益越高。

2. 银行监管当局监管的成本 C 越大，表明对于依法监管的成本越高。例如违规经营的隐秘程度越高,发现的成本也越大。惩罚违规经营会受到相关利益者的报复,都会增加监管的成本。从宏观上来说,对于违规的监管会产生金融抑制,最终阻碍经济的发展,这样是政府不愿看到的,这也构成银行监管当局的监管成本。

4.4 外资银行业务准入监管的不完全信息动态博弈模型

4.4.1 模型假设

1. 博弈的参与人集合为 $N=\{1,2\}$。1 代表银行监管当局,且对某项业务进入;2 代表外资银行。

2. 博弈双方的策略空间是,银行监管当局(政府的代表):{监管,不监管};外资银行:{进入,不进入}。m_0 = 监管,m_1 = 不监管;a_1 = 进入,a_2 = 不进入。

3. 博弈双方存在着信息不对称,银行监管当局相对于商业银行有信息优势,银行监管当局有两种类型 $\{\theta_1, \theta_2\}$,θ_1 = 强势政府,θ_2 = 弱势政府。强势政府推崇法律至上,更倾向于对外资银行的越界经营严厉处罚,其监管所获得的收益相对于弱势政府更高;弱势政府更推崇自由经济政策,主张放松监管,从而对外资银行监管的间接成本更高。弱势政府和强势政府由不同的政党、监管机构的管理层,或者不同的经济形势决定。银行监管当局的类型为私人信息,外资银行不知道,而银行监管当局知道。$p(\theta=\theta_1)=u$,$p(\theta=\theta_2)=1-u$。

4. 博弈时序,本模型为具有两个阶段的信息不完全动态博弈模型。第一阶段,银行监管当局在了解到类型 θ 的取值后,选择行动 m。第二阶段,外资银行在观察到银行监管当局的行动后,形成关于 u 的推断 $\bar{u}$。对于给定的 θ、m、a,银行监管当局获得的效用为 $v(\theta, m, a)$,外资银行获得的效用为 $e(\theta, m, a)$。

5. 局中人的支付函数如博弈树,外资银行只要违规进入,就会被发现,监管当局付出的成本为 C,此时获得的收益为 D 或 d(强势政府获得 D,弱势政府获得 d)。R 为银行监管当局的保留收益;外资银行如

4 外资银行市场准入监管的博弈分析

果不越界经营,获得的超额利润为 0,如果违规经营,获得的利润为 P,如果违规经营被发现,将面临处罚,根据政府类型的不同,分别为 $P-D$、$P-d$。$D=nd$,n 表示政府监管的决心,n 越大,政府越强势(见图 4-4)。

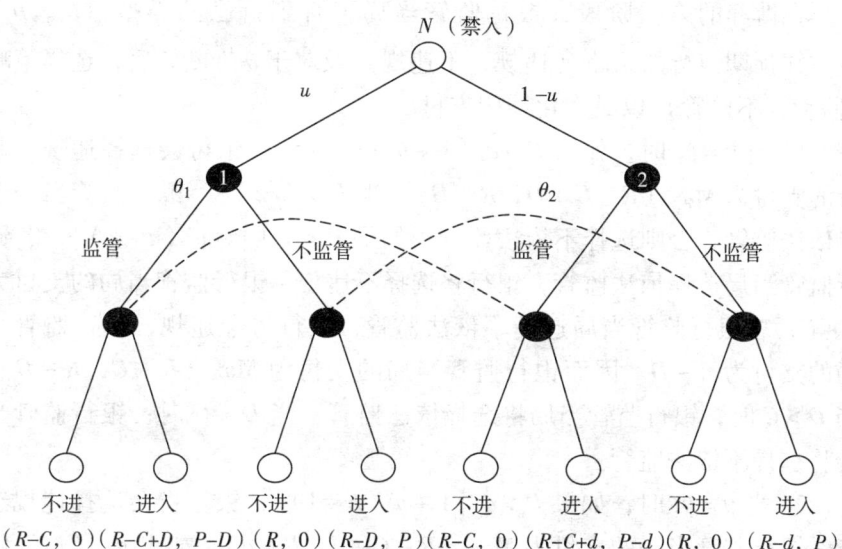

图 4-4 外资银行业务准入监管的不完全信息动态博弈树

4.4.2 外资银行推断依存的序贯理性策略

在博弈的第二阶段,银行通过观察银行监管当局的相关政策,在特定(监管,不监管)的条件下,形成对于政府类型 θ 的推断,并选择行动(进入,不进入),以最大化自己的期望支付。

1. 当银行监管当局采取监管政策时,银行进入的收益为

$$\tilde{u}(P-D) + (1-\tilde{u})(P-d) = P - d[1+\tilde{u}(n-1)]$$,如果不进入,收益为 0。

2. 当银行监管当局不采取监管政策时,银行进入的收益为 P,如果不违规,收益为 0。

3. 所以,当银行监管当局采取依法监管政策时,如果 $P > d[1+\tilde{u}(n-1)]$,银行将会进入;如果 $P < d[1+\tilde{u}(n-1)]$,银行将不进入。如果银行监管当局采取不依法监管政策,不论银行监管当局

属于哪种类型的政府,银行都会违规,获得利润 P。

4.4.3 银行监管当局推断依存的序贯理性策略

在博弈的第一阶段,银行监管当局了解到自己的类型 $\{\theta_1, \theta_2\}$ 后,并预期银行的策略(违规,不违规)及对于 θ 推断 $\tilde{u}$ 后,选择策略(监管,不监管)以最大化期望支付。

1. 当 $\theta = \theta_1$ 时,如果 $P > d[1+\tilde{u}(n-1)]$,银行会选择违规,银行的支付为 Max$(R-C+D, R-D)$。当 $D > C/2$ 时,银行监管当局选择依法监管,否则选择不依法监管。如果 $P < d[1+\tilde{u}(n-1)]$,若银行监管当局选择依法监管,银行将选择不违规,银行监管当局的支付为 $R-C$;若银行监管当局选择不依法监管,银行将会违规,银行监管当局的支付为 $R-D$。因而银行监管当局的支付为 Max$(R-C, R-D)$;当 $D > C$ 时,银行监管当局将选择依法监管;当 $D < C$ 时,银行监管当局将选择不依法监管。

2. 当 $\theta = \theta_2$ 时,如果 $P > d[1+\tilde{u}(n-1)]$,银行将会选择违规经营,银行监管当局的支付为 Max$(R-C+d, R-d)$,如果 $d > C/2$,则银行监管当局选择依法监管;如果 $d < C/2$,则银行监管当局选择不依法监管。如果 $P < d[1+\tilde{u}(n-1)]$ 时,银行监管当局的支付为 Max$(R-C, R-d)$,当 $d > C$ 时,银行监管当局将选择依法监管;当 $d < C$ 时,银行监管当局将选择不依法监管(见表 4-2)。

表 4-2　银企监管博弈模型混同的子博弈精练贝叶斯均衡

均衡	条件	银行当局策略	银行的策略
1	$P > d[1+\tilde{u}(n-1)], D > C/2$	监管(θ_1)	违规
2	$P > d[1+\tilde{u}(n-1)], D < C/2$	不监管(θ_1)	违规
3	$P < d[1+\tilde{u}(n-1)], D > C$	监管(θ_1)	不违规
4	$P < d[1+\tilde{u}(n-1)], D < C$	不监管(θ_1)	违规
5	$P > d[1+\tilde{u}(n-1)], d > C/2$	监管(θ_2)	违规
6	$P > d[1+\tilde{u}(n-1)], d < C/2$	不监管(θ_2)	违规
7	$P < d[1+\tilde{u}(n-1)], d > C$	监管(θ_2)	不违规
8	$P < d[1+\tilde{u}(n-1)], d < C$	不监管(θ_2)	违规

4.4.4 模型分析

一、外资银行违规经营的成本—收益分析

当 $P > d[1+\bar{u}(1-n)]$ 时，不论监管当局是否采取依法监管措施，外资银行都会违规开展禁止的业务。

1. 银行的收益为 P，因而银行违规经营的收益越大，应该越倾向于越界经营。因而要加强监管，加强对银行高管及工作人员的处罚，严防腐败的产生，降低相关人员违规的利益所得，才能有效降低银行的违规冲动。同时应降低我国的金融抑制效应，使得金融机构能够充分地竞争，从而有效降低违规经营的收益。

2. 对于 d 和 n。d 越大，表明银行监管当局对违规活动的处罚力度越严厉；n 越大，表明政府实施处罚的弹性越大。从而银行违规经营的成本越高，银行越不会违规经营。

3. 对于 $\bar{u}$，不论是强势政府还是弱势政府，都应通过相关法规，树立对于违规经营严厉打击的形象。政府的形象越强硬，银行违规经营的概率越小。

二、银行监管当局处罚的成本—收益分析

1. D 和 d 表示处罚的力度，D 和 d 越大，监管当局实施处罚得到的收益越多，银行的违规成本越高，不论对于强势政府还是弱势政府，当局越倾向于实施处罚，政府可以获得良好的声誉，使得经济更为有序地发展，或者是处罚人员获得奖励。D 和 d 越小，结果则相反。

2. C 越大，监管当局实施处罚的成本越高，处罚效率越低，越倾向于放松处罚。

5 外资银行监管的国际比较

综观国际上各国对外资银行的监管经验，一般认为外资银行监管主要涉及三个方面的内容，即市场准入、市场运营以及市场退出。本章将从这三个角度，结合各国经济和金融发展实际来进行比较分析。监管政策的差异性主要取决于不同的监管模式，而不同的监管模式主要取决于不同国家的经济发展水平以及政治体制。

5.1 外资银行监管的三道防线

市场准入监管是第一道防线。各个国家由于经济发展程度、对外开放程度以及金融业发展水平等多方面的不同，都针对自身的实际情况设立严格的外资银行准入制度。所谓市场准入，主要包括开业申请、机构设置、业务范围以及地域分布等方面的内容。各个国家由于经济发展程度、对外开放程度以及金融业发展水平的不同，在市场准入方面存在着很大的差异。因此，从市场准入的角度，结合各国经济和金融发展实际来比较各个国家对外资银行的监管也就是本章研究的第一个视角。

市场运营监管是第二道防线。市场运营监管是指当外资银行进入东道国以后，东道国对外资银行在具体开展业务过程中的实时监控和限制，主要包括：资本充足率监管、流动性监管、贷款集中度监管、业务范围的限制以及资本市场并购的监管。外资银行监管的第二道防线从市场运营的角度对外资银行实行监管，主要目的：一方面是为了营造一个公平合理、安全稳定的竞争环境，防止垄断的出现；另一方面是为了保障东道国的金融机构主体地位，防止本国金融真空的出现，防止各种外部不稳定因素（包括汇率、利率以及金融危机）通过外资银行的渠道传导到本国，造成金融、经济的动乱。根据《对银行国外机构的监管原则》的有关表述，从划分母国当局和东道国当局的监管责任的角度，将外资银行监管的主要内容归纳为清偿能力、流动性、外汇业务及头寸三个方面，所体现的也正是运营管理的主要内容。

市场退出监管是第三道防线。由于信息不对称、不完备情况的存在，仍然难以确保所有的外资银行都能健康地发展。因此就需要一个渠道让那些出现严重问题的银行退出东道国，这便是所谓的市场退出机制。目前，国际上比较通用的市场退出监管手段是存款保险制度和最后贷款人制度，这是一个完善的外资银行监管体系不可或缺的一部分，也是对外资银行监管的最后一道防线。

5.2 外资银行市场准入制度的国际比较

5.2.1 美国的外资银行市场准入制度

美国监管机关对外资银行准入的主要依据是《国际银行法》（The International Banking Act）和《外国银行加强监督法》（The Foreign Bank Supervision Enhancement Act of 1991）。对外资银行进入美国市场采取的是国民待遇原则，将外资银行置于联邦的直接监管之下。美国的银行监管实行双轨二元管理模式，由联邦政府颁发商业银行执照，外资银行可以选择在联邦注册或州注册：根据联邦法律在联邦注册，监督机关为货币监理署，负责设立分行、办事处或代表处的注册；根据州法律在州注册，各州金融管理部门负责注册。

美联储、货币监理署、州银行管理局对外资银行的审核标准基本相同，主要考虑以下方面：（1）申请银行母国管理机构是否同意其在美国设立分行或代理行；（2）母国政府的综合金融监管水平，是否建立良好的反洗钱机制；（3）母银行良好的综合金融监管水平；（4）申请银行高级管理人员的国际银行业务经验；（5）申请银行的资金状况，资本充足率是否达到标准；（6）申请银行资产质量是否达到《巴塞尔新资本协议》的要求；（7）申请银行的企业信息的完整性和透明度；（8）申请银行是否接受美国监管当局的金融监管。

2001年10月17日，美国联邦储备委员会通过了有关规范外资银行运作的 K 条例，简化并完善了对外资银行设立的规定。依据 K 条例的规定，外资银行在美国设立分支机构或代理机构或者设立、并购及控制商业贷款公司，必须符合下面两条强制性标准，即：（1）任何外资银行及外资银行母行在美国境外直接从事银行业务，要受到其母国监管者的综合并表监管；（2）该外资银行向美联储提供了美联储所要求的充分评估其申请的信息。

在资本金方面，美国联邦法律要求外资银行分行或者代理行保持一般不低于当地联邦银行的最低法定资本金或分行或代理行全部债务的 5% 的资本金。

在机构设置方面，美国允许外资银行以任何一种形式进入美国，主要形式有：分行、子行、埃治法公司（Edge ACT Corporation）和代表处等。分行作为外资银行在美国的主要设置形式，享有与美国本土银行相同的业务范围，能够从事全能借贷活动，可以从事零售银行业务。很多外国银行通过购买美国当地商业银行获得了广泛的业务网点。1991 年以后新设的外国银行分行无法参加美国存款保险体系，不能吸收美国居民或公民低于 10 万美元的存款。子行的业务范围与分行基本相同。埃治法公司只能从事国际金融活动中的存贷款、担保、票据、信托等银行业务，不能涉及美国国内的银行业务。代表处不从事具体的商业活动，只发挥母行当地联络点职能。

5.2.2 英国的外资银行市场准入制度

英国的金融业监管实行一元监管制，由英国金融监管局统一行使对金融业包括证券业、保险业、银行业的监督管理职能。英国对外资银行实行国民待遇原则，外资银行在经营、监督、管理等方面等同英国国内银行。

《金融服务和市场法案 2000》（Financial Services and Marketing Act 2000）（以下简称《法案》）是英国金融监管局（FSA）行使统一金融监管权力的基石。赋予英国金融监管局在英国金融业中的权力和地位。外资金融机构根据《法案》分为两类：EEA（欧洲经济区）公司和其他地区公司。EEA 公司享有特殊权利，包括豁免申请的权利，只要符合法定条件，免予申请程序，直接进入。

5 外资银行监管的国际比较

外资银行在英国设立分支机构的主要形式包括：子银行、分行、代表处、合资金融企业、代理机构。

英国对金融机构的设立沿用审批制，主要依据《1987年银行法》。外资银行想要在英国设立分支机构，经营银行业务，与英国国内金融机构相同，必须向英国金融监管局申请"核准机构"牌照，符合英国金融监管局对申请者的要求，并根据《1987年银行法》中的要求提供相关的信息和文件，同时英国金融监管局对申请者提供个性化指导。

根据《1987年银行法》，在英国新设立存款机构的最低标准：最低注册资本为500万英镑，并要求有两位以上具有声誉与经验的管理者（即"四只眼原则"），还要根据外资银行的资金实力、融资能力、风险控制能力、业务的适应能力等来综合审查某一外资银行能否进入本国市场。如果金融服务局认为某外资银行的母国中央银行不健全，或该外资银行总行及分行的自我监控不健全，则该外资银行必须遵守监管机构规定的敞口限额。

在业务范围方面，英国对外资银行的要求是有关银行资本发行的规定。这个规定主要是限制外资银行单独成为资本发行的牵头行。外资银行以英镑为面值的资本发行业务多数情况下是与具备发行商资格的英国金融机构共同合作，成为牵头行之一来实现。在其他业务方面，英国对外资银行基本上没有什么限制。

5.2.3 日本的外资银行市场准入制度

日本的金融业监管实行的是"单线多头监管体制"，随着金融监管制度的改革，逐渐向以市场为主的"预防型"转变。目前，日本金融监管的最高机构是金融厅，全面负责金融业的监管。日本对外资银行主要实行国民待遇和互惠原则。外国银行分行的设立基本与日本国内银行相同，但日本在要求国内银行为股份制的同时，对外资银行分行不作要求，且外国银行在日本设立多家分行点时只需以分行代表确定营业许可。同时，《日本银行法》规定的外资银行所受待遇与日本的商业银行在外资银行所在国的待遇平等，对外资银行的营业许可根据此互惠原则进行审查。

日本的外资银行市场准入非常严格,《日本银行法》要求外资银行进入日本及在日本增设分支机构须经过审批,获得营业许可,提出申请时必须明确设立机构的具体形式。且由于日本对银行和证券经纪业务的严格分离,故外国从事银行业外的业者不允许在日本设立经营银行业的机构,而近年呈现放松的趋势。日本监管机构允许在日本境内开设代表处、分行、信托公司附属机构和非银行附属机构。准入条件如下(包含但不限于):保证遵守《日本银行法》并出具书面声明;足够的资产,健全良好的财务状况;有专业的具有丰富经验的良好信誉人员配备;外资银行母国是否满足互惠原则;持有申请设立分行的相当份额的已发行股票。外资银行分行在申请设立时要进行大量准备工作,在提交设立申请书的同时,提供公司章程、财务收支状况证明材料、母国银行资产负债表、损益表及利润分配表、母国行政机关批准设立该分行的证明等相关资料,且在接到营业许可6个月内开始营业,否则失效。

日本对外资银行进入还实行本地化原则。在审批外资银行进入时,规定外资银行在日本应有能够经营银行业务的人员,平时要雇用精通《日本银行法》及有关法令的日本人参与管理,以便保证能用日语直接和当局迅速联系。

5.2.4　新加坡的外资银行市场准入制度

新加坡是全球重要的国际金融中心和外汇交易中心。在金融监管方面素以严格著称。新加坡于1971年在通过了的《新加坡金融管理法》基础上成立新加坡金融管理局(Monetary Authority of Singapore),负责对银行、货币及金融业的各个方面进行统一监督管理。20世纪70年代后,新加坡对本土银行采取保护政策,创造良好的发展环境。但随着全球化的浪潮和网络技术的发展,新加坡当局逐步意识到过分保护已经不适应当前世界金融环境,不利于本土银行业的成长。在明确开放竞争、吸收经验、强化本土银行体系、夯实金融中心地位的理念后,有计划地逐步开放本土市场。新加坡在引进外资银行时,倾向于声誉卓著、有丰富国际经验的银行。

在新加坡设立商业银行必须经金融管理局批准,获取经营牌照,按经营业务范围实行三级牌照制：全面银行（Full Banks）、批发银行（Restricted Banks）、离岸银行（Wholesale Banks）。全面银行执照的银行允许经营全面的当地和国际业务，限制很少；批发银行除非得到特许，不得经营新元或外币储蓄业务，不得吸收25万新元以下的活期存款，不得开立储蓄账户，不得拥有一家以上分行；离岸银行限制性最多，不但受到与批发银行相同的限制，而且还受到其他的限制，包括不得吸收非银行客户的新元存款，以及不得向非银行客户提供新元贷款等。

外资银行进入的标准有：（1）总行资本金最低要达到2亿新元，净总资本金不得少于1 000万新元，其中500万新元应以监管局批准的资产形式存放；（2）不低于12%的资本充足率；（3）先进国际金融服务管理体系丰富的经验，并愿意分享给新加坡本土银行；（4）累计重大持股的审批规定门槛；（5）高层管理人员的业务水平、管理能力、法治意识，并要求其保证在外资银行亏损时负责赔偿等。新加坡金融管理局有权根据具体情况调整相关标准，有较大的政策裁量权。

截至2007年5月，新加坡共有24家全面银行、37家批发银行、44家离岸银行，合计共105家外资银行。除了这三种形式的外资银行外，新加坡还拥有一些外资银行的代表处以及合资银行。

5.2.5 香港的外资银行市场准入制度

香港是享誉全球的国际金融中心和自由贸易港，以开放的金融市场、规范的银行监管制度和完善的法律体系著称。香港银行监管部门对外资银行准入实行国民待遇原则。在商业银行的设立申请者资格认定上不作区分，根据香港《银行业条例》对许可银行的业务范围、方式及程序方面的限制，均按照银行的组织类型、业务性质实行统一标准。香港银行监管部门对金融机构实行金融三级制，按照不同规模和风险程度分为持牌银行、有限制持牌照银行与接受存款公司，有针对性地按照不同的类型确定监管的重点。在香港的银行市场准入规则中，外资银行在香港申请设立持牌银行，只能以分行形式开办；有限牌照银行则可采用分行和附属公司形式；接受存款公司只能由本地注册申请人申请。香港还允许设立代表处、银行附属机构等外资性金融机构。

香港金融管理部门对在港外资银行并无地域或数量上的限制。主要的限制体现在资本金实力、母国监管、内部监控措施、准入程序、业务范围等方面。

在香港注册的外资银行机构，必须达到规定的最低资本标准，方可向银监处正式提出申请，接受具体受理。对海外银行申请在港设立机构的条件是：（1）申请持牌银行的最低实收资本为3亿港元，有限制牌照银行最低实收资本1亿港元，接受存款公司最低实收资本为2 500万港元；（2）该行在母国受到充分完善的监管；（3）对在香港注册的银行提供一定的对等条件。香港银行监管部门强调内控的整体控制效能，以申请者内控机制和高级管理人员的管理措施作为市场准入的重要条件。允许银行在符合上述要求的前提下根据自身的实际情况设立个性化内控系统。另外，还有一些准入方面的政策，包括：母国必须满足或正在建立巴塞尔委员会合并监管的标准以及对香港地区有相应的互惠政策等。香港金融管理局在2002年后对外资银行在港设立机构准入实行一步认可制。包括：（1）组织章程大纲及细则；（2）母国监管当局同意在香港设立的证明文件；（3）金融专员所规定的其他文件资料；（4）稽核师出具的申请人总资产达到香港最低资本要求的证明文件。根据外资银行类型的不同规定不同业务范围。存款方面：持牌银行可全面经营银行业务；有限制持牌银行只能吸收50万港元以上的大额存款，存款期限不限，通常以从事投资银行业务与资本市场活动为主，不得开立储蓄账户，不能在香港经营支票付款与托收业务；接受存款公司只能吸收不少于3个月，金额不低于10万港元的大额存款，不得开立储蓄账户，也不能在香港经营支票付款与托收业务。贷款方面：规定最高贷款金额不得超过其实收股本及储备金的25%。持牌银行给予其董事、董事亲属及董事有关公司的无抵债贷款总额不能超过银行的实收股本及储备金的10%。

5.2.6　发达国家和地区外资银行市场准入监管总结

通过各个国家和地区对外资银行实行的市场准入制度的比较，我们容易发现以下几个方面的特点。

首先，外资银行进入本国市场的深度和广度受到各国具体经济情况的限制。无论是在金融市场极度发达的美国,还是自有化程度极高的新加坡和中国香港地区,外资银行都受到了一定程度的限制。这些限制,包括来自开业条件方面的限制、机构设立方面的限制、业务范围的限制以及其他一些相关的限制。各国的开业条件有宽松的,也有严格的,这主要取决于一国的经济发展情况。机构设立方面,美国允许任何一种机构形式进入美国市场,而其他国家和地区基本都是有所限制的,允许几种不同的外资银行形式分类分等级地进入本国市场。而在业务范围方面,美国和英国基本没什么限制,而其他国家和地区就相对有较多的限制。业务方面的限制,一方面为保护本国和本地区银行的利益,防止外资银行占有过大的市场份额;另一方面能够提高金融业的安全性。

其次,对外资银行市场准入政策根据经济形势的变化而变化。无论从美国第二次世界大战后的外资银行自由进入到1978年以后的国民待遇以及双轨制准入制度的变化过程,还是日本20世纪70年代前的保守政策到70年代后给予外资银行的国民待遇的演进过程,都证明了外资银行进入一国的市场往往是需要受到东道国经济形势的制约的。

最后,各国在允许外资银行进入本国市场时,往往采取互惠原则。互惠原则强调用对等的政策与措施确定外资银行的准入规则,即东道国或者地区是否对外资银行开放本国市场,取决于该外资银行母国是否对东道国银行开放同样的市场。

5.3 外资银行市场运营制度的国际比较

5.3.1 美国的外资银行市场运营监管

美国对外资银行的监管目标:控制外资银行在全国的信贷规模和信贷结构,把对外资银行在本国境内的金融活动的管理作为宏观控制的一个重要部分,建立一个待遇平等的金融管理制度,外资银行和本国银行一样,承担同样的义务和责任,在同等条件下展开竞争,控制外资银行在美国国内的风险经营,消除外资银行活动给本国国内金融造成的不稳定因素,维护金融活动的正常秩序。[①]美联储及州监管部门对外资银行监管以现场监管和非现场监管为主,并辅之以外资银行评级体系和存款保险体系为保障,实现了完整的、系统性的监管体系。

(一) 现场和非现场检查

现场检查由金融管理当局派出检查小组到各外资银行进行实地检查,被检查的外资银行必须为检查人员提供各种工作便利和必要设施,检查人员有权参加外资银行的各种决策性会议和业务洽谈。非现场检查则是建立在商业银行经营报告审核的基础上,银行监管当局通过对外资银行提交的各种报表和报告进行统计分析,从而完成检查、监督的职能,在非现场检查中发现的问题,一般都会成为现场检查的重点。

(二) 信用评级系统

银行监管部门对银行信用评级的主要依据是 1979 年 11 月颁布的《金融机构通行评级体系》,即骆驼(CAMEL)评级体系。该体系包括五项考核指标:资本充足率、资产质量、管理水平、盈利状况和流动性。1996 年年末,联邦金融监管委员会对骆驼评级体系进行了修订,在其指标体系中加入了市场风险敏感程度。而对外资银行,美国采用了 SOSA 和 ROCA 评价体系。

1. SOSA 体系[②]

SOSA 体系用于评估外国银行总行对分行的支持能力和意愿,通过分析外国银行的财务信息、管理信息和外部环境,评估外国银行对东道国境内分行的支持能力、意愿及其内控管理有效性,从而确定对外国银行分行的监管措施。SOSA 体系的评价内容包括支持力度和内控管理两个部分。(1) 支持力度评价。评估外国银行总行对其海外分行的支持力度通常需要分析如下内容,如财务现状及前景、母国监管当局的监管能力、母国政府对银行的支持程度、转移风险等。评级结果以 A ~

[①] 王兆星. 美国的银行监管及启示 [J]. 中国金融,1998 (10).
[②] 叶瑛,胡海龙. SOSA 与 ROCA 评价体系在银行监管中应用的思考 [J]. 西安金融,2006 (5):41-42.

E 五个级别来显示监管当局的关注程度，A 表示最高评级和最低监管关注程度，E 表示最低评级和最高监管关注程度。（2）内控管理评价。在忽略财务状况的前提下，评估外国银行总行确保分行内控良好、经营合规的能力通常需要分析如下内容：外国银行经营和管理方面的记录、近期合并或扩张计划、经营政策变更或海外操作风险是否对境内分行产生不利影响等。这部分评估中主观判断程度较高，不易量化，通常不采用数量评价方式。（3）综合评级表现。综合支持力度和内控管理两部分的评估结果，可得出外国银行分行的 SOSA 综合评级表现，由 A～E 升序排列监管关注程度，A 表示外国银行对境内分行的支持能力和意愿极强，E 表示外国银行对境内分行的支持能力和意愿极差。

SOSA 评价每年进行一次。SOSA 评价的主要信息渠道有三个方面：一是境内分行各类监管报表和并表监管报告；二是外国银行总行年报、涉及组织结构和业务领域等情况的报告资料，以及主报告行报送的其他信息；三是母国监管当局评价、外部评级（包括金融稳定性评估和有效银行监管核心原则评估等）、市场评述以及其他渠道获得的信息和上次 SOSA 评级资料。除非出现重大实质性变化，SOSA 评级结果一般在两次评级期间不作调整。

2. ROCA 体系

ROCA 体系关注分行自身风险管理和内部控制状况。评估者从风险管理、营运控制、合规性、资产质量四个方面对外国银行分行进行分项评估，再综合考虑各组成部分等级及相互关系，形成 ROCA 综合评价。

（1）风险管理部分重点评估分行管理层是否具有完备的风险管理系统，是否能够有效识别和控制分行承担的主要风险；（2）营运控制部分重点评估分行是否拥有完善的营运控制体系，能有效保证分行安全、稳健经营；（3）合规性部分重点评估分行对有关法律法规和监管资料报送要求的遵守情况，及其合规性监督和对工作人员的培训是否能够避免合规性问题的产生；（4）资产质量部分重点评估分行资产质量状况及发展变化趋势。

ROCA 各分项评价和综合评价结果以等级"1～5"升序的方式显示

监管当局的关注程度,即等级"1"表示最高的评价和最低的关注程度,等级"5"表示最低的评价和最高的关注程度。综合评价时必须遵循一个原则:综合评级不能高于风险管理或营运控制部分的评级,同时也不能高出其他部分评级1个级别。综合评价等级为1或2的分行被视为稳健机构,等级为3的被视为关注机构,等级为4或5的则被视为问题机构。

ROCA 评价每年进行一次。同时,在每次现场检查结束后或非现场年度审查时,也要对 ROCA 评价进行复检,并根据需要对四个分项评价及综合评价的等级予以调整。对于突发的对经营和风险产生重大影响的因素,监管当局根据情况决定是否对评价结论进行调整。

(三)具体的市场运营监控内容

美国对外资银行的市场运营监控的内容包括:资本充足率监管、资产安全性监管、流动性监管、贷款集中度监管等几个方面。

1. 资本充足率监管。外国银行在美国设立或拥有股份的子银行必须遵守8%的资本充足率监管,但是由于外国银行的分行或代理行不具有独立的法人地位,因而美国对其没有独立的资本金要求。联邦和州监管当局采取两项措施:首先,考察其母行的资本充足率,一般要求超过8%的水平;其次,针对分行本身,设计了"资产维持协议"或缴纳存款保证金制度。外资银行分行或代理行必须将一笔保证金存入当地的一家联储系统的会员银行,数量相当于该分行或代理行全部负债的5%,或者相当于美国国民银行开业时注册资本金最低限额。[①]

2. 资产安全性监管。主要包括外资银行分行是否有全面信贷管理政策;是否按照总行规定的业务范围和经营权限开展各项资产业务;对总行的信贷报告中是否真实准确地揭示了当地经营风险和资产质量。

3. 流动性监管。各国对外资银行流动性的监管普遍非常重视。美国属于集中管理的国家,注重宏观管理,进行严格评级,定出具体的资产、负债相关比例,对不同资产规模的银行设定不同的资产、负债相关比例。美国对流动性监管的具体评价标准和等级划分如表5-1所示。

---

① 李自强. 美国外资银行监管对我国的启示 [J]. 决策与信息,2006(22).

5 外资银行监管的国际比较

表 5-1　美国对流动性监管的具体评价标准和等级划分

主要评估因素	金融机构应付目前和未来流动性需求的能力，资产迅速变现而不受损失的能力，进入货币市场或其他渠道筹集资金的能力，资金来源分散程度、借短贷长程度、存款趋势和稳定性、管理部门资金管理政策、流动性政策及管理信息系统有效性。
一级	流动性管理健全，融资渠道健全，能以优惠条件获得流动资金应对当前和未来的流动性需求。
二级	流动性管理令人满意，能以合理条件获得资金，资金管理存在瑕疵。
三级	流动性管理需要改进，不一定能以合理条件获得资金，资金管理存在明显瑕疵。
四级	流动性不足，不能以合理条件获得足够流动性资金。
五级	流动性管理存在重大欠缺，需立即筹资以应付到期债务等流动性需要，持续经营受到威胁。

资料来源：王刚. 外资银行流动性监管比较研究与启示 [J]. 上海金融，2007（2）.

4. 贷款集中度监管。美国联储监管的做法是将单一借款与银行的资本挂钩，规定对任何单一客户信用贷款的比例不得超过资本金和盈余的 15%，但在有足价适销抵押品的情况下，该比例可适当放宽至 25%。

5. 资本市场并购监管。美国禁止外资银行吞并、购买美国的非银行公司和企业，外资银行在购买美国银行 5%～25% 的股份时，必须获得美联储的批准。外国银行在美国收购其他银行必须经美联储批准，只要这一收购和兼并活动牵涉了被收购和兼并方 10% 的控股权的转移，或任何一方在美国有分支机构，那么无论这一活动是否发生在美国疆界之内，美联储都有否决权。[1]

6. 税务监管。美国外资银行除要根据所在地税务规定缴纳联邦、州和市收入税外，如外资银行子行需向母行返回红利，须缴纳联邦红利税，外资银行分行则会涉及外国分行利润税。

---

[1] 姜建清. 国际商业银行监管环境和体制 [M]. 北京：中国金融出版，2006：451～472.

5.3.2 英国的外资银行市场运营监管

(一) 现场和非现场检查①

同美国类似,英国对外资银行的监管也存在现场检查和非现场检查。但是英国对外资银行的现场检查与美国有很大的不同,从对外资银行的检查机构,到检查内容和检查方式都有其独特的一面,并把对外资银行的现场检查称为访问。金融服务局(2000年之前为英格兰银行)对外资银行的现场检查不以政府监管当局为主,而是由报告会计师和检查支队代表金融服务局,依据《1987年银行法》对外资银行进行现场检查,并向金融服务局提交报告,然后由金融服务局与被检查银行就上述报告或金融服务局认为有必要的问题举行各种各样的谨慎会议或三边会议,讨论和解决检查出来的问题。

金融服务局对外资银行的非现场检查,即主要审核外资银行的各种财务报表。英国规定除按月、按季、按年分别向金融服务局报送资产负债表、损益表、经营项目报告表、银行储备资产报告以及大股东、董事和主要经理人的变动情况外,还要求外资银行上报存款最大额前10位的客户情况表、呆账清单以及存款利息收入在400英镑以上的存款客户名单。在加强对外资银行报表分析的同时,注重健全外资银行的外部审查制度。金融服务局不仅规定资产负债表必须经过当地注册会计师审查,而且还要与各外资银行经理层进行1年2次的直接对话,以了解经理人员的素质以及银行内部制度与管理水平。非现场检查的重点指标有资本充足率、资产流动性、大额风险、外汇交易的净敞口头寸等。

(二) 英国的 CAMELB 和 COM 评级体系

1997年,英国银行在《银行法案》授权下制定出"比率和比例风险监管体系"(RATE and SCALE Frameworks),所谓的 RATE 风险监管体系是风险测评(Risk Assessment)、监管措施(Tools of Supervision)、价值评估(Evaluation)的缩写,它是由英国金融服务权力机构(Financial Services Authority, FSA)对银行业务、风险记录、宏观经济环境作

---

① 单永旭. 英国对外资银行监管的经验及效果评析 [J]. 集团经济研究, 2007: 235.

出综合性评估,以制订有效的监管计划和使用恰当的监管措施。RATE 是一个滚动的过程,监管者对被监管者进行风险评估,确定风险等级,制定监管期限,实施监管工具,定期对风险评估、监管计划和监管工具进行评价,必要时进行修订和补充。[①] 1997 年,英国银行以《1987 年银行法》为依据制定出"比率和比例风险监管体系",所谓的比率风险监管体系就是风险测评、监管措施、价值评估的综合体系。

1. 风险测评。风险测评的目的在于系统地识别银行业务的固有风险,评估其风险控制的充足性和有效性,明确其组织结构与管理体制,初步建立对这些银行的监管体系。风险测评分为八个步骤:(1)确认风险评估的重点方向;(2)取得事前信息(包括与跨国银行的母国监管者联络);(3)作出初步的风险测评;(4)现场检查;(5)作出最终的风险测评;(6)建立初步监管体系;(7)保持监管的一致性(包括建立 RATE 专题小组和质量保证会);(8)向银行反馈信息。其初步风险测评主要参照九个方面的因素:CAMELB 指标(主要用于分析商业风险)和 COM 指标(主要用于分析控制风险)。CAMELB 指标包括资本(Capital)、资产(Assets)、市场风险(Market Risks)、盈利(Earnings)、债务(Liabilities)、业务(Business)六个方面;COM 指标包括控制(Control)、组织(Organization)、管理(Management)三个方面。通过对银行商业风险和控制风险的评估,将银行分为四个等级(Quadrant ABCD),对 A、B 等级的银行只需要对其风险控制作出适当的监测,对 C、D 等级的银行则需要采取监管措施。

2. 监管措施。FSA 可以对 C、D 等级的银行采取如下监管措施:(1)要求银行提供全面的会计师报告(Reporting Accountants Report);(2)FSA 的专家小组对银行财政领域进行检查(Traded Markets Team Visit);(3)FSA 的专家小组对银行信用领域进行检查(Credit Review Visit);(4)向跨国银行的母国监管者收集相关信息(Liaison with Overseas Regulators);(5)与银行高级管理层进行审慎性会晤(Prudential

---

① 尚娟. 英国银行监管的主要经验及其对我国的启示 [J]. 经济论坛, 2006 (1): 120~122.

Meetings）；（6）特别性会议讨论银行未来发展计划（Ad Hoc Meetings）。

3. 价值评估。在下一次风险测评之前，FSA 每年会对风险测评、监管体系、监管措施的使用作一次价值评估，以保证银行已完成必要的整改工作、FSA 已完成监管体系中所预定的工作和监管措施被正确地执行。此外，FSA 还对其监管阶段工作的有效性作出评估和复查所有银行是否仍然符合立法的最低标准。

（三）市场运营监控的具体内容

1. 在外资银行核心资本充足率方面，监管当局一般要求最低为 6%，大多数情况下要求为 8%，对总资本要求一般为 12%～15%。

2. 在流动性监管方面，《1987 年银行法》规定银行流动性管理的基本要求：8 天内流动性缺口不超过 10%，1 个月内流动性缺口不超过 20%。这种规定的实质是采用现金流量法，因而操作比较复杂。外资银行的流动性问题一直为监管当局所关注，英国金融服务局（FSA）对吸收存款机构的流动性比例没有统一的规定，其通常以与银行管理层磋商的方式对其流动性控制情况进行监控，通过考核银行的资产变现能力和负债结构，在现金流量分析的基础上，对银行的流动性现状和需求作出估价。经过与每个银行的双边会谈，在银行法确立的最低标准之上确认一个指导性指标，尽管没有法律效力，但实际上各银行都非常重视。

3. 在贷款集中度监管方面，英国对外资银行的要求是银行对单一客户发放的贷款超过其自有资本金的 10%，应当立即向监管当局备案；若超过自有资本金的 25%，必须事先报监管当局批准。

4. 在资本市场并购方面，英格兰银行允许外国银行持有某家存款机构或银行 15% 以下的股权，超过 15% 的，无论本国银行还是外国银行，都需要经过英格兰银行的准许。

5.3.3　日本的外资银行市场运营监管

2000 年 7 月 1 日，日本将金融监督厅和大藏省的金融企划局合并，成立了金融厅，负责对金融业实行综合监管，金融监管部门的独立性和权威性得到了进一步提高，而日本银行与金融厅之间则是一种合作关系，日本银行为金融厅提供必要的数据和信息。①

日本对外资银行市场运营的监管主要体现在以下内容：在资本充足率方面，日本要求外资银行需要满足8%的资本充足率；在风险控制方面，采取"CAMEL"评级体系；流动性管理方面，日本《银行法》没有设立法定的流动性比率，而由大藏省对银行存贷款率、流动资产比率、营业用不动产比率、自有资产比率、分红率五个指标进行监管指导。流动资产一般包括现金、同业存款、货币信托、同业拆借、贷款、有价证券、购入票据等。在检查评估时，一要检查流动资产与总存款比率是否达到30%，1年以上的中长期贷款的40%必须由其中长期存款和债务作保证；二要检查存放比率，按规定不超过80%；在贷款集中度监管方面，日本监管当局规定，银行在对同一个人提供信用时，都市银行、地区银行的借款限额不得超过资本的20%，长期信用银行、信托银行不得超过30%，特殊外汇银行不得超过40%。②

5.3.4 新加坡的外资银行市场运营监管③

新加坡对外资银行的市场运营监管实行严格专业原则。除了上文提及的通过颁发执照的方式限制业务范围外，新加坡还通过各项内部政策严格监管外资银行。其主要做法包括：限制外资银行设立业务网点、限制外资银行自动柜员机联网操作、确立本国银行为银行业主导的监管宗旨。虽然从1999年起，新加坡取消了对外资银行收购本国银行股权不得超过40%的限制，但单一外国股东持有股份的比例仍不得超过5%；外资银行对个人或团体的贷款不得超过其资本金总额的30%，大宗贷款总额（超过资本总额15%的贷款）不得超过放款总额的50%，信用贷款不得超过5 000美元，超过部分必须办理抵押手续，外资银行必须分设两个账户来分别记载亚洲货币单位和其在新加坡国内银行业务单位的账目等；新加坡金融监管当局可以随时在保密的情况下，通过会谈、现场稽核等方式，检查外资银行的交易记录并进行必要的指导和管制；

---

① 陶洵. 大藏省改革和日本金融监管体系的完善 [J]. 北京大学学报，2000（1）：60~64.
② 史纪良. 银行监管比较研究 [M]. 北京：中国金融出版社，2005.
③ 同②。

外资银行每年需经由新加坡金融管理局批准或直接任命一位核数师,以便对该行进行账目核对检查;外资银行不能加入新加坡国内现有的ATM系统;外资银行只有在为其贷款坏账、呆账提足准备金后,才可以把盈利自由汇出新加坡。

在资本充足率方面,1992年起新加坡要求在其境内注册成立的银行任何时候都保持不低于12%的资本充足率,并且必须全部是核心资本,大大高于国际通行标准。在亚洲金融危机中,作为一项促进政策,新加坡金融管理局修改了有关资本充足率的规定,要求资本充足率仍必须在12%以上,但不再要求全部是核心资本,只要求核心资本在10%以上。自2004年5月起,新加坡金融管理局将最低资本要求调整为10%,其中一级核心资本要求为7%。新加坡金融管理局有权暂停或限制那些不能达到资本充足率要求的银行的经营活动。

在流动性监管方面,新加坡金融管理局根据每家银行自身的流动资产、负债状况及风险管理能力,确定该银行最低流动性比率要求,因此每家银行的要求各不相同,同一家银行在不同时间的要求也有所不同。新加坡金融管理局认为,银行可以自己选择18%的法定最低流动资产比率要求,也可逐步采用根据银行自身风险状况所决定的最低流动性资产比率要求。

在贷款集中度方面,新加坡金融管理局要求外资银行对单一客户贷款不得超过其资本金的25%,否则须经监管当局批准。除此之外,还要求大额贷款(超过资本金15%的贷款)合计不得超过银行资本金的50%。

5.3.5 香港的外资银行市场运营监管

香港金融管理局的监管方法是建立在持续监管的基础之上的,监管内容涵盖了《巴塞尔新资本协议》和美国骆驼评级体系,监管手段包括非现场检查、现场检查等。持续监管的核心是对个别机构进行现场审查,并对每家机构的财务状况进行持续非现场分析;完成非现场审查后,香港金融管理局通常会派员与有关认可机构的高级管理人员举行审慎监管会议、与个别认可机构的各级管理人员保持密切联系、外聘核数师进行合作讨论;年度审计完成后,与认可机构及其外聘核数师举行每年一次的三方联席会议,讨论年度审计报告、准备金充足程度以及遵守审慎指标与《银行业条例》的情况。香港金融管理局还十分注重监管手段的现代化，采用高电子化的非现场监管系统和现场检查自动化系统，以提高风险监管的实效性。

2001年，香港金融管理局颁布了《"风险为本"监管制度》，着重评估认可机构就所面对的现有及潜在风险而使用的内部风险管理制度的有效性。2002~2003年，"风险为本"的监管模式在香港得到全面实施。目前，香港金融管理局对本地及境外认可机构进行的所有现场检查及非现场监管都采用这个模式。另外，香港采用了CAMEL评级体系对香港境内的外资银行进行信用评级。

具体的市场运营，香港政府作出以下规定：在资本充足率方面，香港金融管理局要求资本充足率要大于或者等于8%；流动性监管方面，香港金融管理局进行流动性监管的目标：（1）在正常情况下，金融机构尽最大可能支付到期债务；（2）在筹资危机的情况下，金融机构有足够的高质量的流动资产储备以应付不时之需。香港金融管理局认为审慎的流动性管理的主要责任在于金融机构本身。每家机构应该制定自己的流动性管理政策，并且征得香港金融管理局的同意。作为一个国际金融中心，香港的金融机构各自的情况差别很大，因此香港金融管理局没有制定全面的指导原则。香港金融管理局还会使用同类比较的方法（Peer Group Comparison）来监管银行的流动性，并且将与那些流动性指标严重偏离平均值的机构进行会谈，以听取其合理的解释。①

5.3.6 各国外资银行市场运营监管总结

综观各国对外资银行市场运营的监管制度，我们可以得出以下几点结论：

第一，外资银行市场运营的成功监管离不开一个专门的监管机构，并赋予其绝对的执法权力。大凡成功的外资银行监管体系都专门设有一个或多个职能部门，对口实施监督管理。如美国联邦政府和州政府金融管理机构、英国FAS、日本金融厅和日本银行、新加坡金融管理局、香港金融管理局等。这些专职监管部门承担了外资银行经营风险性和合规性的主要监管责任。

---

① 王淼. 香港金融管理局对金融机构流动性的监管［J］. 深圳金融, 2003（43）.

第二,各国和地区均具有一个完善的信用评级体系。大多数国家的银行评级体系都源于美国的骆驼评级体系。在对外资银行采用的评级体系中,美国采用了 ROCA 和 SOSA 评价体系,分别对外资银行(包括非独立法人)和其母行进行信用的评级,做到全面地评估和控制风险;英国则实行了 CAMELB 和 COM 体系;日本、新加坡和中国香港则采用了 CAMEL 评级体系。虽然各国采取的信用评级体系不同,但是从中我们可以看出,对外资银行进行一个全面合理的信用评级,对外资银行的风险控制和监管有着关键的作用。

第三,在市场运营监管上,资本充足率往往是各个监管部门最为关注的。适度的资本,不仅能够用于抵补经营损失,还可激励银行强化和改进各项风险监管。反之,资本不足,银行往往为了弥补损失而采取投机性的高风险经营,这又往往会导致银行经营出现危机。因此,大多数国家和地区均要求外资银行资本充足率至少达到《巴塞尔新资本协议》的要求。例如,美国和日本要求为 8%,而英国和新加坡则有更高的要求。

第四,各国监管机构对外资银行流动性监管存在较大差异。各个国家对流动性的管理,是从本国的实际出发,总体上对银行资产活动进行的必要限制。由于各国银行经营的资产负债来源以及资产业务都存在较大差别,因此,对流动性的监管方面,各国的标准也具有较大差异。

第五,在贷款集中度方面,各个国家对外资银行对单一客户的贷款均有一定的限制。贷款集中度监管的目的是限制外资银行贷款风险的过度集中,合理分散贷款风险。对单个客户贷款比例过大,当该客户出现违约情况时,就会出现银行贷款坏账比例过高,严重导致银行破产。在贷款比较分散的情况下,单一客户的违约,虽然对银行经营造成影响,但是一般不至于有破产倒闭的情形发生。

第六,各国对外资银行监管根据实际情况的不同采取特殊的监管措施。例如美国的税收监管措施,英国 FSA 对外资银行的访问制度等。①

---

① 姜建清. 国际商业银行监管环境和体制 [M]. 北京:中国金融出版社,2006.

5.4 外资银行市场退出制度的国际比较[①]

市场退出是指银行法人主体法律地位的变更或者丧失,即银行在经营过程中,为了适应市场竞争的需要而主动(被动)改变其主体法律地位,使其权利能力和行为能力发生变化,或者导致其主体资格丧失,使其权利能力和行为能力消灭。[②] 在市场经济环境中,即使有严格的外资银行准入制度和运营制度,也一定能使所有的银行都健康发展,往往会出现由于各种经营问题而形成的问题银行。在对这些问题银行的处理上,各国有不同的方法和政策。

5.4.1 美国的外资银行市场退出制度

美国的外资银行监管部门对于问题银行的态度一般采取的都是先挽救后清算。美国的外资银行监管部门如果发现某家银行资产质量和资本充足状况明显下降,或者已存在严重的潜在风险,就会给这家银行发出信函或备忘录。通过这种形式提醒和促使银行改善自己的资本和经营状况,在外资银行经营情况未得到明显改善前,未经银行监管部门同意,外资银行不得实施任何有可能影响银行资本充足率的收购、兼并及资产负债运营的行动。在这种政策的指导和控制下,减少了银行更大程度的问题出现的可能性,有效地预防了外资银行风险,在当今国际银行监管实践中,这已经成为了国际通常的必要做法。但是,一些外资银行还会出现问题,这种情况下,美国就会安排一家银行对其进行兼并收购,在兼并难以付诸行动时,存款保险公司才会对问题银行进行注资等措施。

20世纪80年代,美国开始用存款保险制度为外资银行提供保护。美国联邦存款保险公司的主要职责是通过促进健康经营和向存款人提供存款保护,保持公众对美国金融体系的信心;在银行倒闭时直接或间接向存款人支付存款损失;对存款保险基金进行管理,使其承受的风险降到最低,监管参加保险的银行以确保其安全稳健运行。在美国,所有联

[①] 徐世晖. 我国外资银行监管研究 [D]. 长春:吉林大学,2007.
[②] 史纪良. 银行监管比较研究 [M]. 北京:中国金融出版社,2005.

邦储备体系的成员银行必须参加联邦存款保险公司的存款保险，非联邦储备体系成员的州银行和其他金融机构可自愿参加存款保险，但须先提出投保申请，经联邦存款保险公司审查合格后给予保险资格。对于没有参加存款保险的外资银行，美国监管部门会相应地加强对其的监管，并对该银行的经营范围提出限制。建立这样的保险制度，一方面可以保护存款人的利益不受或少受损失，另一方面也可稳定储户，避免在一家外资银行出现支付危机或濒临倒闭时，出现挤兑风波，引发社会恐慌，酿成金融危机。

5.4.2 英国的外资银行市场退出制度

为了确保金融秩序的稳定性，维护有关当事人的利益，英国《银行法》对外国银行歇业或解散作出了明确的规定。监管机构在下列情况发生时就会按照有关法律，以书面通知的方式给予撤销一家外国银行的执照：(1)该外国银行在申请时提供的资料中，有些特定材料是伪造或骗人的。(2)领有执照的外国银行，从领执照起的12个月内未做存款业务，或者停止存款业务达6个月以上。(3)外国银行违反有关规定。(4)外国银行所属国的中央银行撤销了该行在国内的某种权限，而且这一权限在该国或该地区相当于在其国内的权限。(5)该外国银行以其他方式危害存款人的利益。

在存款保险方面，英国于1982年建立了存款保护基金，且保险币种仅限于外资银行存款中的欧洲货币单位存款，并原则上强制要求外资银行加入。基金向所有注册的会员银行和其他吸收存款的金融机构征收一次性保费，特殊情况下可征收额外保费。存款人在银行无清偿力时，可以得到其75%银行存款的保护补偿。

在最后贷款人方面，FAS可随时向有问题的外资银行注入必要的资金，特殊情况下也可考虑对个别正常渠道受阻的银行提供特殊的流动性支持，如单方面的信贷支持、与清算银行联合起来提供资金、用FAS的名义对陷入风险的外资银行进行担保、帮助其发行债券进行筹资等。对于无力支付到期债务、资不抵债的外资银行，FAS可吊销其营业执照，将其改组为其他金融机构的附属机构或执行清算。

5.4.3 日本的外资银行市场退出制度[①]

日本金融厅作为金融机构的监管机关，其主要利用存款保险制度、最后贷款人制度以及其他救济方式来对外资银行市场退出进行监管。在存款保险制度上，日本于1992年最早提出该制度，并采用官民合办的方式建立。该制度规定：当金融机构倒闭时，存款保险公司可以直接接管有问题机构，也可以找一家愿意兼并倒闭银行的合作者来对银行进行重组，存款保险公司通过对合作者提供资金援助来帮助倒闭银行顺利破产或被并购，但该制度同时规定外资银行的分行不在其承保范围内。在最后贷款人制度上，一般而言，日本银行为维护本国银行的国际声誉和降低其国际筹资成本，对于其本国银行的海外分行也履行其最后贷款人职责。但对于外资银行在日本开设的分行，没有明确证据显示其履行了最后贷款人职责。在其他救济措施上，当外资银行分行向金融厅提出歇业或解散清偿时，其从金融厅获得的营业执照立即失效，金融厅以政府公报形式予以通告。此后，该分行必须清理其在日本的全部财产。在清理期间，日本法院可依据利害关系人或金融厅的要求，或根据法律授权，选定或解聘清理人。

5.4.4 香港的外资银行市场退出制度

香港金融管理局采用骆驼评级系统对外资银行进行评估，并以此来监控有问题的银行，香港金融管理局对每家银行均给予综合评级，从最高分到最低分分为1到3级，分数越高说明银行存在的问题越多，监管当局会给予这些问题银行以严格的管制。如果外资银行的评级在3级以上，则该机构的管理层就要向香港金融管理局递交一份改善计划，以纠正和改善所出现的问题，如果该机构的问题相当严重，香港金融管理局就会采用最严格的手段甚至破产清算。

另外，香港银行有着严格的最低资本充足率要求，如果个别银行的资本质量、风险集中程度和其他财务状况存在不确定因素，监管当局就会对个别银行制定高于最低要求的资本充足率。若银行的资本充

[①] 林涛. 外资银行市场退出监管法律问题研究[D]. 成都：四川大学，2006.

足率低于最低标准，监管当局会采取必要措施，确保银行有切实可行的计划来恢复其最低资本额的要求，并且在必要的情况下对其施加额外的限制。

总的来说，香港的银行分类注册、明确的业务范围限制、较为完善的风险评级体系和银行内控体系，使得香港的外资银行的风险性问题在萌芽的时候得以解决，香港银行监管部门很少采用破产清算的手段。

5.4.5 外资银行市场退出制度总结

外资银行市场退出制度，是一国完善金融监管制度的重要组成部分，根据危机程度的不同，对问题银行的处理方式一般可以有接管、并购和破产清算等几种方法。根据国外对外资银行市场退出的处理来看，监管机构通常采取的是先挽救后清算的策略，同时很多国家建立起了存款保险制度和最后贷款人制度。当然，各国的市场退出制度也有差异的地方。例如，英国的存款保险制度是强制性的，而美国的存款保险制度则是自愿原则和强制原则相结合。美国和英国的最后贷款人制度发挥了积极的作用，而日本的最后贷款人制度某种程度上是形同虚设。从各国对外资银行市场退出采取的制度安排可以看出，尽管各自的安排各不相同，但是各国对其都给予了极大的关注。

市场经济的客观规律和历史经验证明，无论外资银行市场准入监管和运营监管多么严密，都无法排除其经营失败的可能性，而维护金融稳定的难度在于金融机构倒闭具有传染效应。一旦某个或某类机构发生倒闭，政府和监管当局通常要进行干预和协调以尽量避免危机蔓延。事实上，在监管外资银行退出过程中，协调的难度相比国内金融机构而言要大很多，因为外资银行面临的约束条件不一样，外资银行在一国无法经营完全可转移到第三国。于是在退出过程中往往会自我保护过度，结果很可能造成经济学的所谓个体理性和集体理性之间的矛盾，过度的自我保护导致危机加重或蔓延，其结果是每家机构损失越为惨重，东道国社会福利的损失也越大，因此对于一些资不抵债、严重违规并难以挽救的银行，必须要强制其退出市场。如果能够在银行股权耗尽之前实施中止措施，存款人就不会有动机挤提。而金融稳定的内涵是追求市场约束有力、优胜劣汰机制平稳运转下动态的稳定，是以市场主体的预期为基础、依赖于多种要素共同作用的动态过程。它并不追求金融机构"零倒闭"下静态的稳定，因而外资银行市场退出监管也就保持了金融稳定的动态性。

5.5 发达国家和地区监管模式比较

各国在金融业的监管模式上产生差异，主要是由各国政治环境、经济条件、社会体制的差异，以及对外资银行的态度和政策原则的不同而共同作用产生。利用目前的世界经济史查阅外资银行监管模式的发展，对我国有借鉴作用的是三类不同发达资本主义国家走过的模式。若以国家发展进程命名，可以分为欧美资本主义国家型、亚洲日本型以及以新加坡为代表的新兴国家型。从成功发展外资银行的国家的监管经验分析，各国都是根据本国自身的特点来发展外资银行，并随本国的发展变换相应作出调整。

（一）欧美资本主义国家型

在联邦制国家，联邦和地方权力划分非常清晰，两个相互联系又相互独立的权力体决定了美国双轨二元制的管理模式，即联邦和各州共同负责金融监管，具体分工如下：联邦监督机构主要为财政部通货监管署、联邦存款保险公司和联邦储备体系；负责管理州立银行，作为全国性监管补充的是州一级监管机关。

英国作为老牌资本主义国家，其银行制度和它的社会及经济制度建立过程一样，都是循序渐进逐步演变而来的。英国金融改革之前，英格兰银行作为中央银行行使对各类金融机构的监督管理权，以金融机构的自律管理为主，长期以来都没有形成系统的管理体系。英国在1997年成立金融监管局，其对传统的金融监管体系进行改革，立法授权金融监管局行使对各类金融机构的监督管理职能，规范英国金融市场发展，致使英国的金融监管作出重大改变。从传统的自律型监管过渡到由专门职能机构统一行使金融监管权力的功能型监管。

（二）亚洲日本型

资本主义制度在日本的兴起和建立相对较晚，从时间上看是从1870年才开始资本主义发展的，并且资本主义制度的建立并不彻底，是与封建势力妥协的结果，走的是改良主义的道路。因而日本的工商业资本和银行业结合得非常紧密，日本也十分强调银行在其经济发展中作出的突出贡献。本节着重阐述日本的金融监管模式，并以其例子作为借鉴，思考在特殊金融稳定视角下我国外资银行监管的研究重点。

日本的银行监管工作原来是由大藏省（财政部）和日本银行共同负责的，日本银行主要负责业务方面的监管，而大藏省则负责行政方面的监管。由于大藏省独大，导致监管权力过分集中并滋生腐败，鉴于这种情况由原有体制造成并严重阻碍日本的金融发展，于是日本进行了集中性的金融改革，使日本银行的独立性大大强化，时间是从1997年开始的。1997年日本颁布影响其金融监管方向的两个新法规：新的《日本银行法》和《金融监督厅设置法》，在两个法规的基础上重新构建了日本金融业的监管模式，并设置成立金融监督厅，负责国际银行和日本银行业的监管工作，金融监督厅在2000年更名为金融厅；日本中央银行主要负责例如债券买卖、订立法定存款准备金等金融业务管理方面的工作。日本的金融监管进入新的时代，即以日本金融厅为核心，中央银行以及保险机构共同协助的监管模式。

（三）新兴国家型

新兴国家外资银行开放过程往往采取的是循序渐进式。以新加坡为例，新加坡金融管理局负责其外资银行包括市场准入等方面的监管，新加坡金融管理局主要对外资银行实行牌照分类管理，通过颁发不同的执照来对外资银行进行管理，并根据不同阶段调整金融监管政策。新加坡外资银行可分为：全面执照银行、限制性执照银行、离岸执照银行（香港也有类似的分类）。

新加坡当局从1995年5月实行5年开放计划，进一步开放其金融业，面向国际，吸引优秀的国外大行增强本土银行业的实力，营造良好的竞争环境。具体为放宽管制计划，增发各类银行执照给外资银行，增加限制性银行执照的数量，允许离岸执照银行拥有更多的货币交易弹性空间。新加坡对业绩良好、势力雄厚、能给其金融业发展作出贡献的外资银行持鼓励支持的态度和政策，以维持新加坡的金融中心地位，提高其银行业水准，保持国际竞争力。

5.6 监管政策原则的国际比较

冷战结束后,全球经济迎来高速发展的黄金时期,随着全球化进程的加剧,各国都意识到保护主义已经不适合本国的经济发展,协助携手,以开放的态度合作互利将是经济发展的新潮流。20世纪70年代后,世界各国对外资银行的监管原则都慢慢发生了变化,由传统的保护主义逐步转变,现今多数国家都对外资银行采取国民待遇原则,平等互利,对等合作。总的来说,主要可分为以下三大类。

1. 高度的国民待遇政策原则

这种原则把外商独资银行、外国银行分支行、合资银行视同国内同类银行。实施这类政策的国家和地区主要有英国、法国、加拿大、荷兰、新西兰等。如在英国,根据英国金融监管服务局的规定,外资银行可以在伦敦自由设置机构,且外资银行与英国本土银行一视同仁,在同等条件下公平竞争。其实施《1986年金融服务法》后,还允许外资银行成为证券交易所会员。另外,外资银行在诸多方面还存在优于国内银行的超国民待遇。如获得核准机构执照的英国本国银行,应将其吸收英镑存款的1%上交给存款保护基金,但是对于外国银行而言,如果外资银行在母国已受到较健全的监管,并且已有存款保险制度,那么该外资银行分行就不必提交存款保险。

2. 互惠原则

这一原则对外国资本在本国注册的银行视同本国银行,而对外国银行分支行的业务范围加以一定的限制。很多国家是实行对等互惠基础上的国民待遇原则,主要有美国、德国、爱尔兰、开曼群岛等国家或地区。美国的互惠原则不是体现在外资银行的进入方面,而是体现在业务经营方面,1991年通过的《加强对外国银行监管法案》规定,如果外资银行的母国没有给予其境内的美国跨国银行以国民待遇,则来自该国并且已经在美国境内经营的机构在获取美国监管当局批准之前不能在"新地区"开展业务或经营"任何新业务"。这一条款甚至适用于一些本不需批准就可经营的业务和可设立的机构。德国的互惠原则是针对非欧盟成员而言的。采用互惠原则的国家监管政策可以总结出两个特点:

在市场准入和业务范围上同等对待本国银行和外资金融机构；对外国银行机构和国内银行实施区别对待的监管政策，外国金融机构不得享有优于国内银行的条件。

3. 有限度的保护主义政策

发展中国家大多数选择实行有限度的保护政策，由于它们的金融业往往较为弱小，金融竞争能力相对较低，同时，它们希望能通过引进外资银行，学习先进的经验和管理技术，并利用外资支持本国的经济发展。因而发展中国家往往在外资银行准入的态度上既期待又谨慎。具体表现为一般引进的外资银行都是具有国际实力、先进管理经验、信誉卓著的大银行，给予此类银行较为优厚的条件，使其能发展本国经济，增加本土银行的竞争力；而对相对落后地区的小银行则采取谨慎态度，准入条件相对严格。并且各国都将顺应自身的国情制定相应的监管政策，并随时作出相应的调整。当前大多数发展中国家普遍实行有限度保护的对等互惠原则，混合采用适合本土发展的政策原则。

6 外资银行违规案例分析

前面几章主要从监管主体的角度分析了外资银行监管面临的各种问题，侧重于准入监管，本章将从监管对象的角度，分析外资银行的违规过程，从具体的案例分析中吸取经验教训。

6.1 国际商业信贷银行（BCCI）倒闭案例分析

6.1.1 BCCI 倒闭的案例说明

BCCI 是一个结构复杂的金融集团。该集团的控股公司为国际商业信贷银行控股公司（BCCI Holdings），其注册地在卢森堡，主要业务所在地却在伦敦，两个子公司分为 BCCI. S. A 和 BCCI Overseas，前者在卢森堡注册，在 15 个国家设有 47 家分行和 2 家全资子行，后者在开曼群岛注册，并将总部转移到伦敦，在 28 个国家设有 63 家分公司。BCCI 其他全资子公司或联属企业，大约在 30 个国家设有 255 家银行机构，包括办事处、信贷机构、财务公司等。

卢森堡则是离岸金融中心，其经济规模较小，但具有发达的金融市场和基础设施，并对外来银行和投资者提供税收优惠，是地区金融中心。其作为资金流入流出媒介，主要是根据该地区资金的盈余和短缺状况，以满足当地融资和投资需要。中国香港在亚洲地区的地位非常接近于卢森堡在欧洲的地位。离岸银行业务（Offshore Banking）的外来资产和负债高于其当地经常账户。大部分金融业务与当地居民并无紧密联系。离岸金融机构则可以免受一系列监管，如银行存款不受储备要求、所得税豁免、无利率和汇率限制，没有相关税收、外汇管制和规章制度的限制环境，有些甚至不对负债、股本金、资本充足率和流动性作限制,最重要的优势之处在于严格银行保密法和严格公司保密法,银行可以不披露客户信息,为客户资产保密。如此宽松的金融监管对金融机构几乎毫无限制,空壳公司、信箱公司等不具名公司纷纷登录,犯罪分子可以在这些地方进行匿名存储,设立匿名公司,使犯罪收益难以被发现。

正是这些原因让离岸金融中心几乎成为各国犯罪分子的洗钱天堂。贩毒走私人员及黑社会组织的活动引发了大量黑钱或赃钱出现,他们为掩盖其犯罪行为,常常利用银行或其他金融机构来转换或转移这些黑钱或赃钱。他们可以将黑钱转到如瑞士、开曼群岛、巴拿马、巴哈马、卢森堡以及加勒比等国家或地区和南太平洋上的一些岛国这样的离岸金融中心。BCCI 之所以在卢森堡注册,正是因为卢森堡宽松的银行监管规则和税制自由。BCCI 的分支千头万绪、非常复杂,由于分行在法律上与母行一体化,有助于资产负债在机构内部用分行间划拨方式完成转移,监管套利由此而生。

由于 BCCI 为全球犯罪活动提供银行支持而不断开设分支机构的扩展速度过快,资金流明显出现亏空。1986 年,董事长阿贝迪从员工退休养老基金中窃取 1.5 亿美元来弥补资金平衡表的亏空。1988 年,该银行的一些欺诈活动在美国司法部的介入下逐渐被发现。BCCI 几十年的犯罪活动导致其亏欠 8 万名储户 50 多亿英镑折合约 100 多亿美元,包括 6 000 多名英国客户的至少 8.5 亿英镑约折合 15.8 亿美元。该银行的储户损失惨重,有些人甚至损失了终生的积蓄,血本无归。从此,BCCI 便成了"骗子和罪犯银行"的代称。BCCI 事件在当时则被称为世界金融史上最大的欺诈案。

1990 年 2 月,BCCI 外部审计师普华会计师事务所(Price Waterhouse)发现 BCCI 相关账表、账实不符,舞弊交易严重,遂拒绝在 BCCI 1989 年度会计报表上签章,并将情况迅速报知 BCCI 董事会和英格兰银行。1991 年 6 月,普华会计师事务所又向英格兰银行递交了一份审计报告,详尽阐述了 BCCI 触目惊心的违法事实:20 世纪 80 年代中期,BCCI 因财务操作问题遭受重大损失,高级管理层大肆挪用存款资产以掩盖上述损失;此外,BCCI 高级管理层、董事会成员、大股东代表勾结起来,共同参与了一系列舞弊交易,如存款不入账、编造虚假贷款、

6 外资银行违规案例分析

向离岸中心转移贷款、在子公司之间转移资产、自我交易等。英美等国的金融监管当局迅速进行了针对性的现场检查，查证了普华审计报告的真实性。

1991年3月4日，英格兰银行董事会授权让普赖斯·沃特豪斯独立会计师事务所对BCCI进行审计。1991年7月审计工作结束之后，英格兰银行董事会随即下令关闭BCCI。这是英国司法史上前所未有的一桩案件。同样创下纪录的则是英国法律史上最长的法庭陈词——英格兰银行首席辩护律师尼古拉斯·斯塔德伦长达119天的首轮陈词。

6.1.2 BCCI的案例分析

从成立地标准看，卢森堡应该承担对BCCI并表监管的责任，但实际上，BCCI 98%以上的业务均在卢森堡之外进行，如果依据主营业地或管理中心标准，似乎应由开曼群岛等主营业地承担母国并表监管责任。如此一来，使得对BCCI的母国并表监管陷入一个尴尬的境地：卢森堡认为"对于一个98%以上的活动处于其管辖范围之外，并且其他国家监管当局不承担母国并表监管责任的银行集团，由卢森堡行使充分的统一监管是不可能的"，实际上，早在20世纪80年代后期，卢森堡监管当局就承认无力对BCCI进行有效监管，要求将其子公司BCCI.S.A迁往其他国家注册；而作为其主营业地和管理中心的其他国家，要么是本身离岸金融中心的地位使其欠缺并表监管的积极性（如开曼群岛），要么是缺乏作为母国的有效依据，难以取得其他国家的配合与支持（如英国），致使始终未能有一个确定的母国对BCCI实行并表监管，当银行从事国际银行业务，能够轻而易举地将业务从一国转移到另一国时，信息不对称现象非常严重，这使得政府对国际银行业的监管更加困难。监管机构可以仔细检查本国银行的国内业务，但却难以密切监视本国银行在其他国家开展的业务活动，比如对于本国银行的国外附属机构，监管机构难以监督其活动。另外，监管组织也很难监控外国银行在本国开设的分支机构。即便事后英国、法国、卢森堡和开曼群岛成立专门的"监管者联盟"（College of Regulators），也无济于事。

6.1.3 案例说明的问题

1. 监管主体缺失

关于跨国银行母国的确定,在 BCCI 事件爆发之际,世界范围内并没有明确统一的判定标准。BCCI 没有确定的母国承担并表监管责任,这是导致其覆灭的核心原因之一。

2. 监管权力腐败

德勤会计师事务所代表英国 6 000 多名债权人向伦敦高等法院起诉英格兰银行。该事务所律师控诉了英格兰银行的三大罪状:①滥发许可证。1997 年工党上台前,英格兰银行承担对银行的监督职能。当时,英格兰银行明明知道 BCCI 运作混乱,高层领导缺乏诚信,却从所谓的政治上考虑,不愿得罪有钱的中东股东,于 1980 年发给了其营业许可证。②监管不力。一些保密文件显示,英格兰银行官员们多次被告知 BCCI 进行洗钱活动,但他们置若罔闻,任由洗钱活动持续数年之久。起诉方认为,凭借议会对它的授权,英格兰银行本可以采取适当的行动来纠正不称职或不令人满意的做法。完全有理由得出这样的结论:如果董事们知道 BCCI 在洗赃钱,他们显然就是失职并违背了法律。如果他们不知道,那么他们就是不称职,因为他们有责任知道。③拒不改错。当 BCCI 犯罪活动逐渐明显后,有人向英格兰银行提出两项建议:一是立即吊销该行的营业许可证;二是行使对该行的主要监管。然而,英格兰银行不愿认错,拒绝了这两项本可以挽救英国 6 000 多名储户财富的建议。

3. 外部审计和现场检查并重

在揭露 BCCI 内幕的过程中,外部审计和现场检查起了决定性的作用。有效的持续性监管难以依靠单一的非现场检查来维系,还必须借助一定的现场检查为补充。1997 年巴塞尔委员会《有效银行监管的核心原则》第 19 条原则明确规定"银行监管者应当具有通过现场检查或外部审计师对监管信息的可靠性加以独立监管的手段",从而将现场检查和外部审计手段提升为有效银行监管的核心原则加以要求和强调。

6.2 巴林银行事件

6.2.1 巴林银行倒闭的案例说明

巴林银行集团是伦敦乃至全世界历史最久、声名显赫的银行集团，素以发展稳健、信誉良好而驰名，其客户也多为显贵阶层，包括英国女王伊丽莎白二世。该行成立于1762年，巴林集团主要包括四个部分：（一）巴林兄弟公司，主要从事企业融资、银行业务及资本市场活动。（二）巴林证券公司，以从事证券经纪为经营目标。（三）巴林资产管理有限公司，主要以资产管理及代管个人资产为目标。（四）该集团在美国一家投资银行拥有40%的股份。巴林银行集团的业务专长是企业融资和投资管理，业务网络点主要在亚洲及拉美新兴国家和地区，在中国上海也设有办事处。截至1993年年底，巴林银行的全部资产总额为59亿英镑，1994年税前利润高达1.5亿美元。这样一家业绩良好的银行，为何在顷刻之间就遭到灭顶之灾？令人震惊的是，这样一个让巴林银行惨痛的结局，出自于一个普通的证券交易员之手，他就是尼克·里森，他利用欺骗手段使巴林银行蒙受了8.6亿英镑的巨额亏损。

1989年，里森在伦敦受雇于巴林银行。1992年，里森被派往巴林银行新加坡分公司担任经理，他赚钱的才能得到了充分的发挥。1993年时，年仅26岁的里森已经达到了事业的巅峰，为巴林银行赢得1 000万英镑，占巴林银行当年总利润的10%，颇得老板的赏识和同行的羡慕。

无论做什么交易，错误都在所难免，在期货交易中更是如此。如果错误无法挽回，唯一可行的办法，就是将该项错误转入电脑中一个被称为"错误账户"的账户中，然后向银行总部报告。里森于1992年在新加坡任期货交易员时，巴林银行原本有一个"99905"的"错误账号"，专门处理交易过程中因疏忽造成的错误。这原是金融体系运作过程中正常的错误账户。1992年夏天，伦敦总部要求里森另设立一个"错误账户"，记录较小的错误，并自行在新加坡处理，以免麻烦伦敦的工作。于是里森又建立了一个在中国文化看来非常吉利的"88888"错误账户。几周后，伦敦总部又要求用原来"99905"的账户来与伦敦总部联系，但这个已经建立的"88888"错误账户，却没有被销掉。就是这个被忽略的"88888"账户，日后改写了巴林银行的历史。

1992年7月17日，里森手下一名交易员误将客户买进日经指数期货合约的指令当做了卖出，损失是2万英镑，当晚清算时被里森发现，里森决定利用"88888"账户掩盖失误。几天后，由于日经指数上升，损失升到了6万英镑，里森决定继续隐瞒这笔损失。此后，类似的失误都被记入"88888"账户。里森不想将这些失误泄露，因为那样他就只能离开巴林银行。但账户里的损失数额像滚雪球一样越来越大。如何弥补这些错误并躲过伦敦总部月底的内部审计以及应付新加坡证券期货交易所要求追加保证金等问题，成了里森头疼的事情。

为了弥补手下员工的失误，里森将自己赚的佣金转入账户，但其前提当然是这些失误不能太大，所引起的损失金额也不是太大，但已经造成的错误确实太大了。急于想挽回损失的里森开始从蓄意隐瞒走向另一种错误：冒险。为了赚回足够的钱来补偿所有损失，里森承担越来越大的风险。随着时间的推移，备用账户使用后的恶性循环使公司的损失越来越大。1994年7月，"88888"账户的损失已达5000万英镑。此时，他一边将巴林银行存在花旗银行的5000万英镑挪用到"88888"账户中，一边造假账蒙蔽巴林银行的审计人员。他幻想着以一己之力影响市场的变动，反败为胜，补足亏空。里森买卖的是一种最简单的衍生金融工具——日经指数225的期货指数。这是日本225种股票的价格指数，类似于美国的道琼斯指数。1994年11月下旬或12月，里森决定要赌日经指数不会掉到19000点以下，这似乎是一个安全的下注，因为日本经济在30个月的萧条后已开始复苏。1994年12月和1995年1月，日经指数225向19000点下跌。1995年1月17日，7.2级地震毁坏了日本城市神户。以往曾坚如磐石的日经指数在一周内下跌了7%之多。4个星期内亏损达8.5亿美元。1995年2月23日，是巴林期货的最后一日，这一天，日经指数下跌了350点，里森带来的损失达到8.6亿英镑，这是巴林银行全部资本及储备金的1.2倍，最终将巴林银行送进了坟墓。

6.2.2 巴林银行事件分析

巴林银行集团破产的直接原因是新加坡巴林公司期货经理尼克·里森对"错误账户"的不恰当使用及对日本股市走向的错误判断。但仔细分析，会发现巴林事件的发生有更深层的原因，主要体现在如下两个方面：

1. 巴林银行的内部管理制度和体系的问题。在大多数银行，交易与清算业务是分立的，但巴林银行允许里森既作为首席交易员，又负责其交易的清算工作，这是一种制度上的缺陷，这种缺陷对交易员缺少监控，因为让一个交易员清算自己的交易会使其很容易隐瞒其交易风险或亏掉的金钱。事实上，在新加坡，里森既是期货交易部经理又是清算部经理，自己监督自己，自然给了他瞒天过海的机会。所以，尽管里森缺乏约束的行为已经给巴林银行带来了巨额损失，但由于这些损失没有暴露，结果在巴林银行内部，竟被看成是一个经营明星。在1994年12月，即巴林破产的两个月前，于纽约举行的一个巴林金融成果会议上，250名巴林银行在世界各地的工作者，还将里森当成巴林的英雄，对其报以长时间热烈的掌声。巴林伦敦总部的一位高级职员于1995年2月8日飞往新加坡，找里森及其班子核查情况。2月20日，东京地区总部的领导要求里森减少银行持有的日经指数期货，但谁也没有想到一个私设的账户"88888"正在给公司造成巨大的危害，到公司的内部审计有所觉察时，它的透支金额已超出公司的资本。

2. 滥用金融衍生产品。金融衍生产品包括一系列的金融工具和手段，买卖期权、期货交易等都可以归为此类。具体操作起来，又可分为远期合约、远期固定合约、远期合约选择权等。这类衍生产品可对有形产品进行交易，如石油、金属、原料等，也可对金融产品进行交易，如货币、利率以及股票指数等。从理论上讲，金融衍生产品并不会增加市场风险，若能恰当地运用，比如利用它套期保值，可为投资者提供一个有效地降低风险的对冲方法。但在其具有积极作用的同时，也有其致命的危险，即在特定的交易过程中，投资者纯粹以买卖图利为目的，垫付少量的保证金炒买炒卖大额合约来获得丰厚的利润，而往往无视交易潜在的风险，如果控制不当，那么这种投机行为就会招致不可估量的损失。新加坡巴林公司的里森，正是对衍生产品操作无度才毁灭了巴林集团。里森在整个交易过程中一味盼望赚钱，在已遭受重大亏损时仍孤注一掷，增加购买量，对于交易中潜在的风险熟视无睹，结果使巴林银行成为金融衍生产品的牺牲品。

6.2.3　巴林银行事件的启示

该事件对银行业的启示在于，银行业必须重新思考加强金融机构内部监管和恰当使用金融衍生品问题。

第一，必须加强金融机构的内部管理。在金融发展史上，银行倒闭屡见不鲜。一般来说，一家银行的倒闭是长期以来银行内部机制不健全，从经营到管理诸多方面弊病积累的结果。作为一个历史悠久并在英国金融史上曾经发挥了重要作用的巴林银行集团，照理说应有一套完善的内部管理制度和有序的监管措施，但事实上它的内部管理存在严重的弊病。巴林银行允许里森身兼双职，既担任前台首席交易员职务，又负责管理后线清算，说明了该行的管理制度极不健全。巴林事件提醒人们加强内部管理的重要性和必要性。

第二，合理运用金融衍生工具，建立风险防范措施。随着国际金融业的迅速发展，金融衍生产品日益成为银行、金融机构及证券公司投资组合中的重要组成部分。因此，凡从事金融衍生产品业务的银行，应对其交易活动制定一套完善的内部管理措施，包括交易头寸（指银行和金融机构可动用的款项）的限额、止损的限制、内部监督与稽核，扩大银行资本，进行多方位经营。随着国际金融市场规模的日益扩大和复杂化，资本活动的不确定性也愈发突出。作为一个现代化的银行集团，应努力扩大自己的资本基础，进行多方位经营，作出合理的投资组合，不断拓展自己的业务领域，这样才能加大银行自身的安全系数并不断盈利。

第三，重视金融风险的管理。所谓金融风险管理，是指通过强化金融机构内部控制制度，改善经营，并由金融管理当局从外部加以监控，从而控制金融风险的管理行为。金融领域的监管包括两个方面：一是对金融业，主要是银行机构的监管，增强金融体系的稳定性是金融业监管的核心问题；二是资本市场的监管，保证市场运行的公开、公平和公正是资本市场监管的关键。①

6.3 中国银行纽约分行违规案例分析

6.3.1 中国银行纽约分行事件描述

该事件追溯至20世纪90年代初,案件的主要被告周强和刘平是一对夫妇,通过他们本人或其亲属拥有的一名为NBM的公司及相关公司从中国银行纽约分行很快申请到第一笔用于贸易项下的授信额度(Credit Facility) 100万美元;不久之后又增至700万美元。这家小公司刚刚开张没几天,就在业主所住公寓外办公,而且连连损失。而贷款额最后增至1 800万美元,全部报了坏账。周强及刘平通过一系列公司向中国银行纽约分行取得大量贷款,不断增加信用额度,在贷款项到期后又一再延期。其所依据的主要是各类假造抵押物或不实抵押物。两人甚至从中国银行纽约分行贷款之后,又经其他公司进行若干转存,将款项存至香港的广州银行和宝生银行。随后,又将存款诈称为黄金买卖的收入,并以之为抵押再度进行贷款。而在该行内部,又有一位Patrick Young的信贷部门副经理与之配合作弊。Patrick Young从1992年2月加入中国银行,至1999年11月被调至风险管理部,一直负责直接处理周强及其关联人士的贷款安排。其间,周强等提供的假票据也由Patrick Young审核。周强1996年将其在新泽西的房子转抵移民银行,并将中国银行纽约分行变成"从属受益人"时,相关文件由Patrick Young签署。此外,周强曾于1996年将12万美元转入Patrick Young的个人账户。其结果,使中国银行纽约分行在1992~2000年的9年内损失了3 400万美元。

6.3.2 中国银行纽约分行违规案例分析

周强以贸易为由,在Patrick Young的配合下,从中国银行套取资金。然后转到关系公司使用。周强则靠假单据和个人关系从银行获得新

---

① 陈小平. 国际金融衍生市场[M]. 北京:中国金融出版社,1997.

的贷款，以新还旧，并随着授信额度的提升，雪球越滚越大。诈骗得以成功的原因有两个：一是银行对周强的所谓"贸易贷款"缺乏警惕性；二是中国银行纽约分行审核环节存在严重的受贿行为，银行内部控制制度存在严重问题，不足以预防员工的道德风险。

Patrick Young虽然是周强和银行各种业务文件的第一签署人，但在银行的审批程序里只开了个头。每份贷款额度报告（Credit Line Recommendation Report）需经过五道关。第一步是由信贷员推荐，信贷员既可以是信贷部的普通员工，也可以是副经理级；第二步由信贷业务部经理同意（Concur）；第三步由风险管理部经理同意；第四步由主管信贷的副总经理通过（Approve）；第五步则由总经理通过。大客户的信贷报告，包括信贷额度的确定，都必须有这五个人的签字才能正式生效。事后的调查发现，这些信贷报告里面的内容大都是不实的。但每一份报告上都有各层经理直到总经理室成员的签字。美国货币监理署（OCC）的"认可令"指出，中国银行纽约分行的不当行为主要是向"与分行前管理层某些人员有个人关系的客户们"提供优惠。这说明，中国银行纽约分行部门职责形同虚设，至少没有严格地执行银行制度。此外，周强和中国银行的很多业务原先只是一种口头协议，在电话里就解决了，并没有落实到文字上。他说前五年中国银行只做过五个备忘录（Memo），理论上应该一个交易做一份备忘录。而他差不多三天一个交易，一年下来有100多个。这再次说明银行的业务流程管理存在严重问题。

总而言之，中国银行纽约分行事件是一起内外勾结的欺诈事件：给单个客户风险暴露过高、协助一桩信用证诈骗案和一桩贷款诈骗案、未经许可提前放弃抵押品并隐瞒不报，以及其他可疑活动和潜在的诈骗行为。

6.3.3 启示

第一，从银行的角度，跨国银行要建立健全内部控制制度，从源头上将业务风险、操作风险等扼杀在摇篮中。业务流程清晰，合规运营，重视留痕备忘工作。例如本事件中可以建立健全合规部（Compliance），对业务合规性和在遵守银行保密法方面进行严格的审查。

6　外资银行违规案例分析

第二，从跨国银行监管的角度，不安全和不可靠的行为遍及国际银行间，跨国银行由于接收不同监管主体的监管，因此，有可能出现监管空隙或盲区。东道国和母国之间建立良好的谅解备忘录及国家监管协调是监管跨国银行最行之有效的办法。

6.4　瑞银事件

6.4.1　瑞银事件描述

2009年2月美国司法部门和税务机构指责瑞士银行（以下简称瑞银）涉嫌帮助美国国民逃税，严重违反美国税法，美国司法部在诉讼中要求瑞银披露总资产约148亿美元的账户持有人名单和相关信息。一场瑞银保密法与美国税法的远隔大西洋诉讼案拉开战幕。2009年2月20日，美国司法部（Department of Justice）在迈阿密州提起诉讼，要求一位联邦法官命令瑞士银行（UBS AG）向美国国税局（Internal Revenue Service）披露该行持有秘密瑞银账户的美国客户的身份。在承认曾帮助客户成功逃税的同时，瑞银坚决反对这一申诉的执行，一直拒绝提供5.2万名美国储户的名单信息，经过双方的谈判和妥协，瑞银愿意支付7.8亿美元罚金并提供了300多人的名单，旨在与美国政府达成和解。

6.4.2　案例分析

针对瑞银对美国的强势态度，各界反应不一。如美国的言行是否"藐视"瑞士的法律和"侵犯"瑞士国家主权；美国地方法院是否有权对瑞银作出符合国际惯例的合法裁决，瑞士联邦政府对此提出异议，表示如有必要将阻止瑞银提供客户信息，并重申捍卫银行保密法和瑞士的主权。瑞士联邦司法部门强调，向美国法院出示相关资料违反瑞士目前的法律。瑞银也重申立场，披露客户信息，瑞银在瑞士将面临法律责任。在此之前，瑞银已开始向"涉嫌客户"提出三种建议：重新选择银行；全部出售金融产品，然后离开；把金融资产转到瑞银在美国的金融机构。瑞士大部分议员对瑞银的做法表示十分不满，其中更有23名议员直言瑞银董事长库勒应该马上下台。同时还有一部分议员认为除库勒外，瑞银其他高管也应该立即辞职。有议员表示，瑞银向美国支付罚金并提供客户信息的做法，严重损害了瑞银长久以来对客户资料保守秘密的传统，这将沉重打击瑞士的银行业，甚至可以说是一场灾难，身为管理者，瑞银董事长库勒没有在与美国的官司中坚持强硬立场，他应该为此承担所有责任。

而部分议员认为不应该混淆瑞银利益和国家利益。联邦政府一开始就对此事处理不当，或者提早对瑞银实行国有化，由政府出面解决问题；或者对外宣称"此事不属政府事务"，政府不便介入。

6.4.3 启示

"瑞银事件"不只是美国税务机构与瑞士最大银行之间的冲突，而是两国各自法律能否相互接受的问题。瑞银开始的时候坚决反对这一申诉的执行，主要得到瑞士联邦政府的支持，瑞士是以避税天堂而闻名于世，对其避税、逃税行为，瑞银供认不讳。在世界经济金融日趋全球化的今天，各国的法律规制不尽相同，甚至相差甚远。因此，对于跨国金融机构的监管需要各国的通力合作，国际监管协调是解决外资银行监管的必要手段。

7 外资银行监管的国际协调和合作

经济全球化促进了金融自由化、金融全球化的发展，并成为一股不可逆转的潮流，使得世界各国的金融业相互紧密地联系在一起。外资银行跨越国界，穿梭于东道国和母国之间，必须通过国际间的监管协调和合作，才能实现对外资银行的有限监管。

7.1 外资银行监管的国际协调和合作概述

金融全球化的主要表现形式就是国际资本的自由流动，而这些自由流动的国际资本大多是追求高收益与低风险、高度不确定性的国际投机资本。这种纯粹的国际投机资本流动加重了国际经济的无序性，更是加速了金融危机传播的中间链条，使得金融危机迅速地、恶性地扩散开来。

外资银行正是这种国际资本流动的主要渠道。外资银行的全面发展和迅速扩张使得国际资本流动呈现多向性和纵横交错的特征，使得各国金融资本相互渗透和竞争，银行业务、证券业务、保险业务相互渗透交错及国际化，让一国金融监管当局对外资银行业务的监管更显得力不从心。

金融自由化促使各国放松金融管制，实行金融业对外开放，放宽金融机构的活动范围。尤其是一些发展中国家，由于国内存在较为严重的金融抑制，受金融深化和自由化理论的影响，过早地放开金融市场，不切实际地放松金融管制，刺激了国内不动产信贷，使得资产价格不断膨胀，增大了泡沫经济成分。而具有高度不确定性、追逐高利益的国际投机资本，通过外资银行这个渠道趁此机会一窝蜂地大规模涌入，大量投资于股票和房地产，更加促进了泡沫经济的形成，而且越来越大，为发展中国家潜伏了巨大的国内和国际金融风险。在国内外宏观经济环境稍有变化，或者被一些国际投机资本盯上时，泡沫就极有可能被刺破，从而引发金融危机爆发。当今国际经济相互依存度越来越高，金融业务的联动性前所未有地增强，金融风险的传染性越发明显，国内金融危机极有可能引发国际金融危机，甚至全球金融危机。而这仅靠一国金融监管当局实施属地监管是无法正确、及时地防范、化解的。

另外，外资银行的大规模进入及其创新的金融衍生工具的复杂性，加上国际资本无障碍地自由流动，也会降低一国货币政策的有效性。在经济繁荣时期，一国货币当局通过紧缩货币供应量，防范通货膨胀风险，但外资银行仍可通过大量的金融衍生工具进行创新，增大了资产的可替代性，大大降低货币当局的货币政策的有效性，使得一国宏观经济政策不能达到预期的目标。因此有必要对外资银行加强监管，而对外资银行的监管涉及母国和东道国，双方有必要对其监管责任加以明确划分，并根据需要进行各方面的信息交流，加强监管协调和合作。否则，由于在开放条件下，各国采取的经济政策会相互影响，如果各国采取非协调的监管政策，其结果往往背离监管当局通过一系列经济政策发展或调节经济的初衷，或远离要实现的目标。

开放经济条件下，一方面，各国为争夺有限的金融资源也展开了激烈的竞争。外资银行在竞争中无疑有着很大的规模经济和范围经济优势，因此在竞争金融资源上，母国将外资银行当做其进入他国抢占金融资源、获取高额利润的重要力量。各国都竞相放松监管力度，通过外资银行引进外资。另一方面，各国金融监管立法不统一，对金融机构的监管力度、重心、目标不同，使得外资银行逃离本国严厉的金融监管，将大量风险业务转移到监管薄弱的国家和地区进行监管套利。并且在传统的金融监管体制下，母国出于保护本国银行的竞争力的考虑，往往会放松对国外分支机构的限制，而且也没有立法严格要求母国对其国外分支机构经营的风险担当责任，因为外资银行的存款利益人大多分布在国外，母国没有很大动力去严格监管国外分支机构。而东道国出于吸引外国资本的需要，对本国境内的外资银行给予宽松的管制环境，尤其是发展中国家，急需外国资本平衡国际收支失衡和发展国内经济，往往会给予外资银行超国民的优惠待遇，其国内的金融监管水平也比较低，监管重心主要放在国内金融业，忽视了对外资银行的监管。这样外资银行就处于金融监管的真空地带。

外资银行一般是跨国经营的大规模的金融集团,其经营业务和产品涉及银行、证券、保险等各个方面,并进一步国际化,牵扯各国,从而将各国金融和经济紧密地联系在一起。外资银行相对于国内银行面临着更多的风险。除了传统的信用风险、利率风险和流动性风险外,还面临着国家风险和汇率风险。国际金融自由化和一体化后,国家风险和汇率风险较以往大大增加,像巨额的国际资本自由流动大多是短期的投机资本,具有高度的不确定性和逆转性,极易引发一国经济泡沫,一旦泡沫破灭,这些游动的国际资本大规模逃离,引起一国汇率、利率大幅度波动,造成国内经济秩序混乱,增大外资银行的风险,引发银行危机。如果东道国和母国双方对处于监管真空地带的外资银行不加以监管,外资银行破产危机很容易传染给东道国国内的银行体系,发生国内银行危机、金融危机。且在开放经济条件下,一国的金融体系越来越容易受到国际金融因素的干扰,一国的金融风险极易通过外资银行渠道传染到各个国家和地区,形成区域性、国际性甚至全球性的金融危机或经济危机。因此客观上也要求各国通过协调和合作,加强信息交流,实行更全面、更完善的金融监管来防范外资银行面临的风险。单由东道国或者母国的监管能力是无法达到对外资银行的运营进行有效监管的目的的。

7.2 外资银行监管的国际协调和合作的理论与模型分析

目前信息科学技术的高速发展使得国际资本的自由流动也呈现光速的流动,外资银行的规模不断地扩大,各国的金融联动性增强,风险传染的广度、速度、复杂度也是前所未有的,而且各国的监管制度也存在着很大的差异,如果母国监管当局和东道国监管当局不能就业务监管和信息交流建立紧密的合作关系,对外资银行监管的责任划分不明确,双方相互推诿扯皮,最终导致对外资银行的监管真空。外资银行利用这种监管空隙和漏洞大肆发展各种高风险业务和产品,使得金融风险累积,到一定程度之后风险爆发,最终损害东道国和母国利益,甚至会引发国际或全球金融危机。如果母国和东道国监管当局双方能够有效地进行协调和合作，对外资银行进行全面、完善的监管，将外资银行的潜在风险控制在一定范围之内，就能大大减少令人谈之色变的金融危机或经济危机。因此加强各国监管当局的联系和合作是很有必要的，也具有重要的实践意义。

我们先通过 Dell'Ariccia G. 和 R. Marquez 的监管溢出模型来说明，各国加强监管的国际协调，对东道国和母国双方都是很有利的。

7.2.1 外资银行监管溢出模型

模型假设：

①世界上存在两个国家 A 和 B，每个国家都有一个银行系统和在该国注册银行的一个监管者。

②银行监管者关心银行部门的效率、安全和稳健性，并设银行的安全函数 G 和盈利函数 F，监管者对银行的安全和盈利分别赋予权重 $1-\lambda$ 和 λ，$\lambda \in (0,1)$。

③k_A、k_B 分别是 A 国和 B 国银行监管工具集合，这些工具包括资本充足率、资产组合要求、存款利率限制等，表明一国的监管力度；K 值越大，可使用的监管工具越多，监管力度越大，$K \in (0,1)$。

④A 国银行的盈利 F 取决于 A 国监管者施加于它们的监管力度。由于 A 国银行受到来自在 A 国境内经营、母国为 B 国的外资银行的竞争，如果外资银行受到母国的监管越严厉，则对 A 国银行的盈利越有利。所以，F 还取决于外资银行所受到的母国的监管力度。其他影响 A 国银行盈利的因素，如 A 国银行的经营管理水平、风险控制水平等用 t_A 表示。A 国银行的安全 G 同样取决于本国及外资银行母国监管标准及银行的经营管理水平、风险控制水平，依此可类推 B 国情况。

⑤在低水平时，G 是 k_A、k_B 的增函数，但在 k_A、k_B 接近于 1 时，它是减函数，即它是 k_A 和 k_B 的凹函数：

$$\frac{\partial G(k_A, k_B, t_A)}{\partial k_A} > 0, \frac{\partial G(k_A, k_B, t_A)}{\partial k_B} > 0$$

$$\frac{\partial^2 G(k_A, k_B, t_A)}{\partial k_A^2} < 0, \frac{\partial^2 G(k_A, k_B, t_A)}{\partial k_B^2} < 0$$

7 外资银行监管的国际协调和合作

同理也有

$$\frac{\partial G(k_A,k_B,t_B)}{\partial k_A} > 0, \frac{\partial G(k_A,k_B,t_B)}{\partial k_B} > 0$$

$$\frac{\partial^2 G(k_A,k_B,t_B)}{\partial k_A^2} < 0, \frac{\partial^2 G(k_A,k_B,t_B)}{\partial k_B^2} < 0$$

且有以下几个条件成立：

A 国和 B 国对银行监管的函数分别为

$$U_A = \lambda F(k_A,k_B,t_A) + (1-\lambda)G(k_A,k_B,t_A)$$
$$U_B = \lambda F(k_A,k_B,t_B) + (1-\lambda)G(k_A,k_B,t_B)$$

银行监管力度越高，银行盈利越少；同时该银行竞争对手受到更为严厉的监管时，对该银行越有利，可以表达为下式：

$$\frac{\partial F(k_A,k_B,t_A)}{\partial k_A} < 0, \frac{\partial F(k_A,k_B,t_B)}{\partial k_B} > 0$$

我们考虑两种不同的情况：一个是独立的各国监管者，其中外资银行只由它的母国监管；另一个为对外资银行和本国银行都可以实施同等强度监管力度的中央监管者。假设 A 国银行监管者只能控制 k_A，B 国银行监管者只能控制 k_B。在中央监管者情况下，设定 k_A 和 k_B 相等，即平等地对待外资银行和本国银行。为方便起见，我们将中央监管者的目标函数的复杂情况进行抽象处理，使得中央监管者的目标函数是各国监管者目标函数的加总。

在各国独立监管者的情形下，监管者的监管效用最大化问题为

$$\max{}^k U_i = \lambda F(k_i,k_j,t_i) + (1-\lambda)G(k_i,k_j,t_i) \qquad (1)$$

其中 ${}^k U_i$ 是指 i 国监管者的监管效用函数，i,j = A，B。

为满足最大化监管效用函数，有（1）的一阶条件集为

$$\frac{\lambda \partial F(k_i,k_j,t_i)}{\partial k_i} + \frac{(1-\lambda)\partial G(k_i,k_j,t_i)}{\partial k_i} = 0 \qquad (2)$$

所以最大化监管者效用函数的解是 (k_i^*,k_j^*)。

在中央监管者的情况下，中央监管者的监管效用最大化函数为

$$\max U = \lambda F(k_A,k_B,t_A) + (1-\lambda)G(k_A,k_B,t_A)$$
$$+ \lambda F(k_A,k_B,t_B) + (1-\lambda)G(k_A,k_B,t_B)$$

其中 $k_A = k_B = k$，同样为满足监管效用最大化条件，要求其一阶条件为

$$\lambda \left[\frac{\partial F(k_A, k_B, t_A)}{\partial k_A} + \frac{\partial F(k_A, k_B, t_B)}{\partial k_B} \right] + (1-\lambda) \left[\frac{\partial G(k_A, k_B, t_B)}{\partial k_A} + \frac{\partial G(k_A, k_B, t_A)}{\partial k_B} \right] = 0 \qquad (3)$$

得到解为 k^*。

将独立监管者之间的解（k_i^*，k_j^*）代入中央监管者的一阶条件中，并整理得到 $\left[\lambda \frac{\partial F(k_A^*, k_B^*, t_A)}{\partial k_A} + \frac{\partial G(k_A^*, k_B^*, t_B)}{\partial k_A} \right] +$ $\left[\lambda \frac{\partial F(k_A^*, k_B^*, t_B)}{\partial k_B} + (1-\lambda) \frac{\partial G(k_A^*, k_B^*, t_A)}{\partial k_B} \right]$。当 $k_A^* \neq k_B^*$ 时，我们由（2）可知该式的第一项为0，第二项为正，所以（3）的第一项必为负，由 G 和 F 函数的凹性和（3）成立，所以 $k^* > k_A^*$，k_B^*。

这一结果表明竞争性的监管机构相对于中央监管者，将会出现低强度的监管，或者监管不足，因为它们不能完全地内部化它们行为的收益。而且，监管者还会试图为它们的银行提供竞争优势，进一步降低监管标准。

结果我们将有 $U_i(k,k) > U_i(k_i^*, k_j^*)$，$i, j = A, B$。

通过以上的模型分析，我们发现监管者之间协调缺乏，导致了监管者执行比他们能够相互协调时更为宽松的监管标准，即监管不足，这不利于各国外资银行监管和国际金融监管的稳定，因此需要外资银行监管的国际协调和合作。

7.2.2 监管协调博弈模型

外资银行的跨国经营和金融交易跨国界，使得金融风险也跨国界传播。金融自由化、金融全球化使得各国的金融和经济相互依存度和影响不断增大，从理论上讲有必要建立一个跨国监管当局。亚洲金融危机的发生更是凸显了设立跨国监管当局的必要性。但是这涉及各国监管权力即各国政府行使的公共权力，是各国的国家权力，设立跨国监管当局意味着有关的主权国家让渡金融事务上的部分管辖权。这在实践上是比较

7 外资银行监管的国际协调和合作

困难的,在短时间内很难实现跨国监管当局的愿望。所以可以考虑通过各国监管当局进行充分的沟通、协调和合作来进一步最大化各国的收益。我们可以借用博弈论"获利矩阵"来说明进行监管协调和合作会给各国带来的收益。

此博弈以美国和欧盟为例,假设各国的收益可以用"痛苦指数"来表示,它是一国的通货膨胀率与失业率之和,且通货膨胀率和失业率之间可以等量转化,即通货膨胀率增加一个单位,等同于失业率增加一个单位,而各国监管当局采取某种措施是为了其国内的痛苦指数降至最低点。具体如表7-1所示。

表7-1 两国监管政策选择博弈矩阵

		中国	
		政策1	政策2
美国	政策3	8,8	3,11
	政策4	11,4	5,5

假定每个国家都孤立地选择政策而不采取任何协调措施,双方在选择各种政策时都不知道对方会选择什么政策,但知道对方的策略空间。所以双方在选择政策时都要考虑双方选择不同政策时自己会有什么结果。如果中国选择政策1,美国将选择政策3,美国的痛苦指数是8,比选择政策4的痛苦指数11要少;中国选择政策2,美国还是会选择政策3,政策3的痛苦指数3比政策4的痛苦指数5少。所以政策3是美国的最优决策,无论中国是选择政策1还是政策2。同理,中国的最优决策是政策1。因此各国孤立地选择监管政策时,中国选择政策1,美国选择政策3,结果是两国痛苦指数均为8。这种非协调性政策使两国都处于劣势地位。而如果两国通过信息交流,进行协调和合作,可以使得双方都达到帕累托最优状态,即中国选择政策2,美国选择政策4,双方都将痛苦指数降低到5。由此可见,双方的协调和合作可以增进帕累托最优化,为双方带来更多的收益。

但是前提是双方的协调和合作是有效的。我们不能避免在双方的协调和合作当中存在一方的违约情况,特别是参与方比较多时,合作违约的概率会大大提高,因此有必要设计一套有效的制度减少违约情况的发生。在重复博弈中，参与方考虑到其长期利益，会积极参与各国的协调和合作，因而存在一个博弈均衡，可以实现各方有效的协调和合作，从而为各方带来更多的收益。

7.3 外资银行监管的国际协调和合作机制

7.3.1 巴塞尔协议体系与外资银行监管

当今，各国当局都非常重视对外资银行监管的国际协调与合作。国际上也形成了对银行进行国际范围监管的组织，其中最具影响力的是巴塞尔委员会。1974年，德国赫斯塔特银行的倒闭引起的国际性银行危机，使发达国家认识到，必须对境内设立机构的外国银行进行有效的国际合作监管。1975年2月，在国际清算银行的发起和主持下，"十国集团"成员国以及瑞士和卢森堡在巴塞尔成立了银行管理和监督实施委员会（以下简称巴塞尔委员会）。自成立以来，巴塞尔委员会针对国际金融监管颁布了一系列称为"巴塞尔协议体系"的文件。这些文件具有很强的约束性，成为各国对跨国银行进行监管的指导原则，其中最具有代表性的有：1983年《巴塞尔协议修订本：银行海外机构的监管原则》（以下简称《原则》）、1992年《关于监管国际性银行集团及其跨国分支机构最低标准的建议》（以下简称《最低标准》）和1997年《有效银行监管核心原则》（以下简称《核心原则》）和2001年《巴塞尔新资本协议》。在这些文件中所强调的跨国银行合并监管的基本原则可总结为以下几条。

1. 协同监管原则

由于外资银行（特别是作为跨国银行分支机构的外国分行）规模较大，任何一个单一国家的监管当局获取银行经营信息的手段和渠道都是有限和不充分的。信息的不对称会导致内部交易等许多不稳定因素的产生，因此，对外资银行的有效监管，不仅需要各国监管当局之间合理分配监管责任，而且需要它们之间的密切接触和合作，这就要求母国与东道国之间建立长期互换信息的机制。在1992年的《最低标准》中，巴塞尔委员会强调了母国协同监管的重要性，指出跨国银行设立分支机

7 外资银行监管的国际协调和合作

构应得到母国和东道国监管当局的双重认可；跨国银行应处于各国金融当局的合并监管之下；东道国要按照对本国银行监管的高标准严格要求外资银行。在1997年的《核心原则》中进一步强调了母国与东道国监管者的合作关系。

2. 以母国监管为主原则

从理论上讲，由母国对外资银行进行统一监管具有明显的优势，根据主权原则，东道国监管当局无法控制外国母行和其他国家在国内分支机构的经营行为；而外资银行的母行注册国监管当局有权通过对外资银行总部的监管实现对该行整体动作的控制。为协调母国监管与东道国监管两大原则实践中出现的冲突，巴塞尔委员会1983年发布的《原则》指出以母国监管为主的原则，对母国和东道国的监管权作了如下分工：在流动性方面，东道国和母国共同负责分行的流动性，总行从全球角度管理其流动性，而子行的流动性则仍由东道国负责管理，但也要求总行开具保函，保证对子行提供备用信贷；在清偿力方面，规定母行（总行）负责分行的清偿力，而子行的清偿力由东道国和母国共同负责，对于合资银行，则由东道国负主要责任，但如果外国银行占有多数股权，则仍然由东道国与母国共同负责其清偿力；对于外汇管理，则由母国和东道国共同负责，总行负责管理其全球的外汇头寸，东道国则只管理其境内的外汇交易。此外，《最低标准》中规定东道国可依据审慎经营原则，对母国监管能力未达到令人满意程度的银行实行禁止进入。这也是东道国在以母国监管为主的方式下保护自身利益的一种主要手段。

3. 并表监管原则

母国监管当局应当在合并资产负债表的基础上，对银行和银行集团在世界范围内的业务进行风险和资本充足性管理。《核心原则》就对跨国银行监管方面强调了综合并表监管。2001年的《巴塞尔新资本协议》拓展了风险的范畴，抑制了国际银行业之间的不公平竞争，意味着资产负债管理时代向风险管理时代的过渡；对从事跨国业务的国际银行资格提出了法律性要求，提出银行资本与风险资产比率的要求不得低于8%，促使许多大型银行采取相应措施提高资本充足率。目前主要的发达国家基本都实现了并表管理，法律要求银行集团的所有成员和跨国银行的所有分支机构必须联合制定统一的业务报表，以便监管当局对银行进行统一有效的监管。

7.3.2 《服务贸易总协定》与外资银行监管

国际上另一个对外资银行监管具有较大影响力的组织是世界贸易组织（WTO）。其框架性文件《服务贸易总协定》（GATS）是具备法律约束力的国际条约，从五个方面归纳了外资银行监管问题，即市场准入、国民待遇、透明度、最惠国待遇和发展中国家特殊待遇，其中关键的是最惠国待遇、市场准入和国民待遇。1997年12月世界贸易组织达成《金融服务贸易协定》（FSA），正式开始将GATS扩展到金融服务方面。GATS中涉及外资银行监管的原则及其对银行监管趋势的影响可以归纳如下：

（1）市场准入原则。GATS要求缔约各方开放本国的金融服务业和金融市场。各缔约方应逐步减少直至消除存在的金融服务垄断权力；给予外方成员国在其境内设立金融机构、提供金融服务并扩大经营范围的权利。由于GATS中确立的市场准入国际准则是作为具体承诺的义务，一国应准入他国金融服务提供者进入本国金融市场，故而各国金融开放程度的趋势正在增强。

（2）国民待遇原则。GATS要求给予外方金融机构提供者的待遇低于国内金融服务提供者。这种待遇包括：外方金融机构可办理该国的货币批发及其融资业务；可以取得境内金融组织的会员资格（如证券交易所、外汇交易所、银行同业协会会员等）；可以进入那些有权制定法规的机构（如基金管理公司）；可以进入证券或期货交易市场。

（3）透明度原则。GATS要求各缔约国公布有关金融服务的法规、习惯和做法及所参加的有关国际协定。

（4）最惠国待遇原则。金融服务业中的最惠国待遇，仅限于购买公共机构提供的金融服务与过境金融服务，强调缔约国之间无条件的、非歧视性的适用原则。

（5）发展中国家特殊待遇和保护性条款。包括：发展中国家可以针对自身的特殊要求，确定其金融服务业的政策目标；发达国家和世界贸易组织有义务帮助发展中国家提高金融服务的技术水平和国际竞争力，并优先向它们提供发达国家的市场信息。至于发展中国家可用的保护性条款，有以下几条：①当出现严重的国际收支不平衡，并且其对外金融地位受到威胁时,则可采取临时性限制性措施;②在某项金融服务开放实施1年以后,可作出修改和撤销,但须在3个月前告知全体缔约方;③允许对金融服务业进行补贴,且具有灵活性。以上保护性条款的确定实际上认同了发展中国家金融自由化的逐步过程。GATS中关于外资银行的一些规定,主要还是集中于外资银行的市场准入,而非外资银行在市场准入方面的壁垒,有正在加强的趋势,这也反映了跨国银行监管的一种趋势。随着服务贸易自由化的进一步发展,世界贸易组织在外资银行监管国际协调与合作中将发挥更加重要的作用。

7.4 我国参与外资银行监管的协调和合作的现状与不足之处

1. 我国参与外资银行监管协调和合作的现状

改革开放后,我国先后参加了亚洲开发银行、国际清算银行等政府金融机构以及其他国际金融监管机构,并同许多国家的中央银行建立友好往来的关系。近年来,在金融全球化的趋势下,我国继续巩固并扩大与双边和多边金融机构的交往和合作,积极参与有关金融监管的国际合作与交流活动,为提高中国在国际经济和金融领域中的地位,为国内、国际经济金融的稳定和发展作出了积极贡献。

特别是中国银监会与国际银行监管的协调和合作,在对外资银行监管方面取得了进一步的发展。为了借鉴国际经验,中国银监会成立了"国际咨询委员会",邀请国际知名银行监管人士和相关专业人士,对中国外资银行监管问题等提供咨询。为有效防范外资银行风险,促进银行业的稳定发展,中国银监会积极谋求与所有互设银行机构国家和地区的监管当局建立双边合作关系。中国银监会已于2003年12月10日与英国金融服务局签署了《双边监管谅解备忘录》。2003年12月8日,中国银监会与美国货币监理署签署了《监管信息交换协议》,该协议属于双边监管合作文件,是双方就银行监管信息交换和对对方所提供的监管信息进行保密的制度性安排,包括双方监管机构在单一案例的基础上彼此提供机密监管信息以及按照确定的程序向第三方提供信息方面的约定。这体现了双方监管机构之间有着按照巴塞尔委员会有效跨境银行业监管原则进行良好的监管国际合作的愿望。中国银监会与美国货币监理署商定,在签署该协议的基础上,将就签署"双边监管谅解备忘录"作进一步的磋商。

另外,我国也从法律上对外资银行的监督管理合作加以重视,如《银行业监督管理法》第七条规定:"国务院银行业监督管理机构可以和其他国家或者地区的银行业监督管理机构建立监督管理合作机制,实施跨境监督管理。"

2. 我国在外资银行监管协调和合作方面的不足之处

虽然我国监管当局在外资银行监管国际协调与合作方面作出了很大的努力,有了进一步的发展,但还是有很多欠缺的地方。没有从法律上专门详细地对外资银行监管合作方面加以规定。像《外资金融机构管理条例》只是一些条例规章,且其只是规定了在我国设立外资银行的申请者,其所在国家或者地区必须有完善的金融监督管理制度,申请人能受到所在国家或者地区有关主管当局同意其申请,申请人提出申请时必须提交所在国家或者地区有关主管当局核发的营业执照(副本)。除此之外,再没有关于加强监管的国际合作的规定。在实践中,我国在对外资银行的监管问题上仍处于孤军作战,没有实行国际通行的"综合监管原则",监管机构与外国监管机构交流信息与合作不够,中国人民银行总行与各国中央银行的联系虽然越来越密切,但还没有形成制度化、经常性的交流与合作,而且承担具体监管任务的各分行与国外中央银行的总分行之间的沟通和联系也参差不齐。

7.5 对我国参与外资银行监管国际协调和合作的建议

1. 积极参加国际金融监管组织,努力使监管标准与国际接轨

我国三家金融监管机构要积极参加国际金融监管组织的活动,特别是监管规则的制定,以充分反映发展中国家的实际情况和利益,避免由于监管规则的不合理给发展中国家的利益带来损害,同时,进一步促进我国的监管行动与国际标准接轨。一是中国银监会要与国际金融组织保持良好的合作关系,以进一步提高监管效率。中国银监会要与巴塞尔委

员会、IMF、世界银行集团以及亚洲开发银行等国际金融组织建立良好的合作关系，积极参加国际银行业相关监管规则的制定。同时，要以《有效银行监管核心原则》等国际监管标准为指导，努力转变监管理念，逐步由权力监管向巴塞尔委员会推崇的权威监管转变。权威监管指通过激励相容的制度安排以及市场压力，使金融机构自发地加强内部的风险管理。监管部门通过加强对法人行为、内控制度和重大风险的监管，保持金融系统的稳定性，弥补由于市场失灵所带来的缺陷。

2. 促进双边监管当局的合作与往来，提高金融体系的稳定性

我国监管机构要加强与其他国家监管当局的交流与合作，特别是两国间金融机构已经互设营业性机构的监管当局，更应该加强监管合作。

一是健全和完善有关的外资银行法律法规，在制定有关外资银行监管的法律法规时，我国应增加国际合作监管内容，充分考虑与母国监管当局分享信息和监管合作等因素，消除与国际监管合作要求相冲突的法律障碍，对国际合作的原则、内容、程序作出具体的规定，有效避免监管的遗漏，营造良好的法律环境，实现全球统一监管，使在华外资银行受到我国和母国监管当局的双重监管。

二是促进双边监管当局的信息共享率，提高监管的协调性。我国三家监管机构要加强与其他国家金融监管机构的往来，加强信息的沟通与交流，通过互相提供监管信息，加强对外资银行高级管理人员任职情况的审核，通过互派现场检查组的形式，加强对本国银行海外分行的监管力度，通过签署谅解备忘录以减少监管摩擦。同时，由于外资金融机构的国际性以及业务的复杂性，在对其进行监管时不可避免地会遇到法律冲突。为此，我国监管部门要加强与外资金融机构母国的合作，在对等互惠的基础上，与其建立长期联系。通过这种联系，更多更全面地获得关于外资金融机构的信息，对于外资金融机构在经营中规避法律的行为，可共同采取措施。

三是加强资本流动的监管合作，提高金融体系的稳定性。资本流动特别是短期资本流动对一国的金融稳定将产生重大的影响，对此，监管机构要加强监管合作，互相学习监管经验，共同打击洗钱活动，防止资本流动给金融体系带来不稳定的因素。加强国际合作，协调我国与外资金融机构母国在监管方面的职责划分，不但有利于我国金融对外开放和

更有效的监管，而且有利于构建统一的国际监管体系，防范和化解国际金融风险对世界经济的冲击。

四是加强金融监管人才的培训合作，提高监管水平。监管当局要通过不断地提高监管人员的素质，以提高持续性监管质量。在国际合作方面，我国要积极与监管水平高的国家合作，共同培训监管人才，通过派员到先进的监管当局跟班学习、共同举办金融国际研讨会以及参加国际金融组织的活动，进一步提高我国监管人员的素质。

8 我国外资银行市场准入监管的实证分析

近年来，国内学者对外资银行的进入问题进行了大量的实证研究。苗启虎等（2004）利用2001年度数据对我国外资银行的动因进行了研究，认为外贸、投资是外资银行进入中国市场的影响因素；王晞（2005）则利用2002年度数据对外资银行进入中国市场的影响因素进行了分析；张红军等利用OLS法分析了外资银行进入中国上海市场的影响因素。本章准备采用面板分析法，利用1997~2006年21个国家和地区的面板数据和2001~2008年时间序列数据，分期作两方面的实证分析：一是关于外资银行进入程度的影响因素的实证分析；二是关于外资银行进入形式的影响因素的实证分析。进入程度用外资银行在我国设立的营业性分支机构的家数来衡量，进入形式主要表现为代表处、分行、子行。合资银行不在讨论的范围内，因为《境外金融机构投资入股中资金融机构管理办法》出台时间较短，且当时很多银行的兼并、收购过程还在进行中。

8.1 变量的选取

本章实证的理论基础是外资银行跨国经营管理理论和组织结构理论。跨国经营管理理论包括：客户追随理论、区位优势理论、邓宁折衷理论和比较利益理论，它主要解释了外资银行跨国经营的动力因素，这些因素有：东道国和母国的双边贸易额、直接投资额、两国的距离以及东道国的经济金融环境等。而外资银行组织结构理论认为，外资银行组织结构的选择主要取决于公司的策略和管制的限制。本章的实证分析分为两部分。第一部分解释影响外资银行市场进入程度的因素；第二部分解释政策控制变量对外资银行进入形式的影响。解释变量和被解释变量的选取如表8-1所示。

表8-1　　　　　　　　　　研究变量定义

	变量名	定义和取值方法
因变量	FBN	分行、支行和代表处的加权值，表示外资银行的进入程度
	SBR	子行与分行的比例
自变量	ln*INV*	各国在中国的投资数量自然对数
	ln*TRA*	各国在中国的贸易额自然对数
	C	各国 GDP 的自然对数
	ln*DIS*	各国首都与北京的距离的自然对数
	SB	各国的分行数目
	SS	各国的子行数目
	DUMMY	哑变量
	DUMB	哑变量
	ATRA	各国在中国的贸易额平均的自然对数
	AGDP	各国 GDP 平均的自然对数

8.2　计量方法

面板数据即 Panel Data，是截面数据与时间序列数据综合起来的一种数据类型。面板数据模型的设定和估计实质上是对时间与个体异质性结构的假设与分析。其模型的一般形式为

$$y_{it} = X'_{it}\beta + u'_{it} \quad i = 1, \cdots, N; t = 1, \cdots, T$$

其中 N 为截面个数或个体个数，T 为每一个体对应的时间长度，u'_{it} 为误差成分。由于面板数据模型拥有能够控制与刻画个体异质性、增大自由度、减小变量之间的多重共线性、提供更多信息以及有利于进行动态分析与微观个体分析等优势，因此近年来得到了理论与应用研究者们的广泛关注。

面板数据分析最常用的有三种方法，分别是随机效应模型（Random Effect）、固定效应（Fixed Effect）模型和混合数据普通最小二乘法

8 我国外资银行市场准入监管的实证分析

(Pooled OLS)。本章运用的固定效应模型和随机效应模型都考虑到了不同国家的银行进入中国市场之间的差异,它们的差别在于固定效应模型假定各国外资银行进入中国的差异是固定不变的,可以用一系列的常数来表示。而随机效应模型假定这种差异服从某一随机分布,可以用一随机变量来表示,混合数据普通最小二乘法不同于前两者,该方法假定所有的国家银行进入中国市场都是同质的,不考虑国家之间的差异。为全面分析外资银行市场准入监管问题,我们分别考虑了三个模型的实证结果。

8.3 数据来源

本章数据来源有:Wind 资讯;国际货币基金组织网站;《中国金融年鉴(1998~2008)》;《中国银监会年报(2006~2008)》;《中国人民银行金融稳定报告(2005~2009)》。考虑到 1996 年以前,我国人民币业务尚未对外资银行开放,外资银行在中国仅能经营外汇业务,本章立足外资银行准入监管,利用 1997~2006 年面板数据进行外资银行进入程度分析,利用 2001~2008 年时间序列数据进行外资银行准入形式分析。表 8-2 和表 8-3 为 1997~2006 年外资银行机构的统计数据,表 8-4 是外资银行机构数据统计描述。在外资银行实证检验时,被解释变量均为样本期各年内外资银行在中国的分行数、支行数和代表处的加权值。

表 8-2 1997~2001 年中国外资银行机构数统计表

	1997 年			1998 年			1999 年			2000 年			2001 年		
	分行	支行	代表处	分行	支行	代表处	分行	支行	代表处	分行	支行	代表处	分行	支行	代表处
中国香港	26	1	26	27	0	33	36	2	33	38	2	33	38	2	29
日本	29	1	67	33	3	70	28	0	28	28	0	52	27	0	48
法国	16	0	15	17	0	16	17	0	16	17	0	11	17	0	10
美国	11	0	14	12	1	23	13	1	15	13	1	14	13	1	15
新加坡	9	0	8	11	1	6	11	1	6	11	1	6	12	1	6

续表

	1997年			1998年			1999年			2000年			2001年		
	分行	支行	代表处	分行	支行	代表处	分行	支行	代表处	分行	支行	代表处	分行	支行	代表处
韩国	9	0	7	9	0	4	8	0	4	9	0	3	9	0	1
德国	6	0	14	8	0	12	8	0	12	8	0	14	7	0	17
英国	15	0	17	15	2	19	7	1	13	7	1	12	7	1	7
比利时	1	0	5	3	0	3	3	0	4	3	0	5	4	0	3
泰国	5	1	13	5	0	5	5	0	8	5	0	7	5	0	4
荷兰	5	0	9	7	0	10	7	1	9	7	1	7	7	1	7
加拿大	5	0	5	5	0	4	4	0	4	4	0	3	4	0	4
澳大利亚	2	0	5	2	0	5	2	0	4	2	0	5	2	0	4
意大利	2	0	13	2	0	14	2	0	13	2	0	12	2	0	10
奥地利	0	0	2	0	0	2	1	0	1	1	0	1	1	0	1
菲律宾	0	0	7	0	0	6	0	0	5	1	0	2	1	0	2
马来西亚	0	0	3	0	0	3	1	0	2	1	0	2	1	0	2
葡萄牙	1	0	2	1	0	2	1	0	2	1	0	2	1	0	2
瑞士	1	0	7	1	0	6	1	0	5	1	0	5	1	0	5
西班牙	0	0	5	1	0	4	1	0	3	1	0	3	0	0	3
中国台湾	0	0	0	0	0	0	0	0	0	0	0	0	0	0	0

表8-3　　　2002~2006年中国外资银行机构数统计表

	2002年			2003年			2004年			2005年			2006年		
	分行	支行	代表处	分行	支行	代表处	分行	支行	代表处	分行	支行	代表处	分行	支行	代表处
中国香港	36	5	29	38	8	26	45	11	24	49	20	24	56	46	20
日本	20	0	40	20	0	42	21	0	47	22	0	54	18	0	52
法国	16	0	10	16	0	8	14	0	7	14	0	8	15	0	9
美国	13	1	15	14	2	15	14	3	17	15	7	19	15	11	18
新加坡	11	1	4	11	1	4	12	2	4	12	2	4	14	3	3

8 我国外资银行市场准入监管的实证分析

续表

	2002年			2003年			2004年			2005年			2006年		
	分行	支行	代表处	分行	支行	代表处	分行	支行	代表处	分行	支行	代表处	分行	支行	代表处
韩国	9	0	3	13	0	3	14	0	4	17	2	4	18	2	4
德国	7	0	15	7	0	15	9	0	14	9	0	14	10	2	13
英国	7	1	12	8	1	11	8	1	11	12	4	8	13	0	10
比利时	5	0	1	5	0	1	5	0	1	5	0	0	5	0	1
泰国	5	0	6	5	0	4	5	0	4	6	0	3	6	0	3
荷兰	4	1	5	5	1	2	5	1	5	5	5	5	7	5	5
加拿大	4	0	4	4	0	4	4	0	4	6	0	6	6	0	6
澳大利亚	2	0	4	2	0	4	2	0	4	2	0	4	2	0	5
意大利	2	0	10	3	0	9	3	0	11	3	0	14	3	0	15
奥地利	1	0	1	1	0	1	1	0	1	1	0	2	1	0	2
菲律宾	1	0	2	1	0	2	1	0	2	1	0	2	1	0	2
马来西亚	1	0	1	1	0	1	1	0	1	1	0	1	1	0	1
葡萄牙	1	0	2	0	0	2	1	0	2	1	0	2	1	0	2
瑞士	1	0	7	1	0	6	2	0	5	2	0	7	2	0	8
西班牙	0	0	3	0	0	3	0	0	4	0	0	7	0	0	8
中国台湾	0	0	7	0	0	7	0	0	7	0	0	7	0	0	7

表 8-4　　数据统计性描述

变量	最大值	最小值	方差	平均值	中位值
投资汇总变量	4 100 000	45	$2.30E+11$	210 752.1	39 691.5
人均GDP	46 859.06	6 415.83	$8.24E+07$	26 295.26	25 254.28
目标银行	56	0	97.20 361	6.27381	3
贸易汇总	$2.12E+08$	88 090.8	$1.11E+15$	$2.14E+07$	7 885 935

表 8-5　　　　　　　　　　外国银行机构统计表

	2001 年	2002 年	2003 年	2004 年	2005 年	2006 年	2007 年	2008 年
法人机构	19	19	15	14	14	14	29	32
法人机构分行及附属机构	7	6	8	11	14*	19	125	163
外国银行分行	158	146	156	167	192	200	117	116
外国银行支行	6	9	13	19	34*	79	169	缺失
合计	190	180	192	211	254	312	440	缺失
代表处	214	211	216	220	240	242	242	237

注：* 表示 2005 年缺失，自行统计；2008 年仅仅缺少外国银行支行数据，导致合计也缺失。

8.4　实证分析

8.4.1　外资银行进入影响因素的实证分析：1997～2006 年

1. 模型建立

（1）跟随客户假说。这一假说认为，跟随客户是外资银行进入中国市场的内在动因。客户的经济活动跨越国界，我们选择中国与外资银行母国的历年进出口贸易总额及外资银行母国对中国的历年投资额作为解释变量。

（2）区位优势假说。该假说认为外资银行地理上的选择依就近原则，会优先进入离母国地理距离较近国家或者地区。为此，选择外资银行母国与中国的地理距离较近的虚拟变量，即亚洲国家或地区的银行。

实证模型包括：

$$FNB = c_0 + c_1 \ln INV + c_2 \ln TRA + c_3 \ln DIS \qquad ①$$

$$FNB = c_0 + c_1 \ln INV + c_2 \ln TRA + c_3 \ln DIS + c_4 \ln GDP \qquad ②$$

$$FNB = c_0 + c_1 \ln INV + c_2 \ln TRA + c_4 DUMMY_n \qquad ③$$

模型①表示没有政策性变量的影响下，外资银行经营机构受外资银行母国在华直接投资额 INV、在中国的贸易总额 TRA 和与中国距离 DIS 的影响。

模型②表示加入我国 GDP 对外资银行进入程度的影响。

模型③表示加入政策性变量 $DUMMY_n$ 后对 FNB 的影响。考虑 2001

8 我国外资银行市场准入监管的实证分析

年进入世界贸易组织的因素影响，取 2001~2008 年为 $DUMMY_1=1$，其他为 $DUMMY_1=0$；考虑 2003 年 12 月颁布《境外金融机构投资入股中资金融机构管理办法》的因素影响，取 2004~2008 年为 $DUMMY_2=1$，其他为 $DUMMY_2=0$；$DUMMY_3$ 表示 2006 年外资放宽的因素影响，取 2006~2008 年为 $DUMMY_3=1$，其他为 0。

2. 实证结果及分析

（1）考虑投资、贸易、距离对外资银行进入程度的影响。

由模型①得实证结果（见表 8-6）：

表 8-6　　　　　　外资银行进入因素分析（1）

	样本期　1997~2006		
	对外资银行进入数量面板数据的计量（1:0:0）		
Intercept	-38.85758***	-10.102	-1.02565
	(-4.24)	(-1.51)	(-0.04)
$\ln INV$	2.81463***	0.056381	0.8177617*
	(11.59)	(0.11)	(1.89)
$\ln TRA$	1.05192***	0.550331*	0.489177*
	(5.26)	(1.79)	(1.75)
$\ln DIS$	-0.03859	—	-0.83538
	(-0.05)		(-0.32)
	混合 OLS 模型	固定效应模型	随机效用模型
R^2	0.4891	0.9327	0.3957
SSE	49000	6740.1895	-10.7202
Hausman Test			11.93
			p 值 = 0.0026
F 值	62.55	67.29	
Prob > F	<0.0001	<0.0001	
样本截面数	19	19	19
样本总数	199	199	199
		F Test	Hausman Test
		说明 FEM	说明 FEM
		优于 OLS	优于 REM

注：(1:0:0) 代表分行、支行和代表处的权重。

由表 8-6 结果分析，三个模型中，*DIS* 系数的统计值都不显著，表明区位优势假说并不十分明显。所使用的数据应采用截距随截面单位变化而系数不随截面变化的固定效用模型。投资 INV 系数统计值在 OLS 模型和随机模型均显著，贸易额（TRA）与外资银行在中国市场的分行数的关系明确，外资银行进入中国市场的"跟随客户"动因明显。跟随客户假说成立。葛罗斯（Grosse Robert）与戈德堡（Lawrence G. Goldberg）分析外国银行进入美国的程度与外国银行在美国的顾客之间的关系，结果显示进入程度与银行在美国的顾客正相关，支持追随顾客理论；费雪（Adlai Fisher）与莫利纽兹（Philip Molyneux）的文章结果显示，在伦敦的外国银行家数与银行的员工人数，与母国和英国间的双边贸易存在显著正向关系；艾斯培蓝卡（José Paulo Esperanca）与古兰豪森（Mohamed Azzim Gulamhussen）则将顾客由传统的企业顾客延伸到自然人顾客，分析外国银行到美国投资的资产与分支机构与银行母国人民在美国的移民人数与居留人数的关系，结果显示银行除了追随企业顾客外，也会追随自然人顾客，支持追随顾客理论。周秀霞与沈中华针对台湾的研究中，将顾客延伸至劳工顾客，实证结果显示外国银行会追随企业顾客与劳工顾客至台湾进行海外扩张，设立更多的分支机构，并增加财务面的投资。

（2）考虑 GDP 对外资银行进入程度的影响，由模型②得表 8-7。

表 8-7 外资银行进入因素分析（2）

	样本期 1997~2006 年对外资银行进入数量面板数据的计量（1:0.5:0.5）			样本期 1997~2006 年对外资银行进入数量面板数据的计量（1:0:0）		
Intercept	-48.41754 *** (-2.74)	-20.455 (-1.19)	3.774217 (0.08)	-52.69008 (-4.91)	-17.6578 (-0.29)	-7.62547 (-0.30)
ln*INV*	3.66347 *** (7.56)	-0.23817 (0.28)	0.581105 (0.76)	2.63428 *** (11.30)	-0.08021 (-0.15)	0.669125 (1.79)
ln*GDP*	3.34049 *** (2.58)	2.589816 (0.98)	3.353206 (0.55)	1.03617 *** (5.24)	0.284985 (0.90)	0.314707 (0.93)
ln*TRA*	1.17458 *** (3.35)	0.028248 (0.04)	-0.14529 (-0.24)	1.81688 *** (4.19)	1.445484 (0.71)	1.150853 (0.93)

8 我国外资银行市场准入监管的实证分析

续表

	样本期1997~2006年对外资银行进入数量面板数据的计量（1:0.5:0.5）			样本期1997~2006年对外资银行进入数量面板数据的计量（1:0:0）		
lnDIS	-3.44697* (-2.58)	0	-3.51338 (-0.04)	0.15048 (0.19)	0	-0.86929 (-0.33)
	混合 OLS 模型	固定效应模型	随机效用模型	混合 OLS 模型	固定效应模型	随机效用模型
R^2	0.4997	0.9334	0.0572	0.4891	0.9297	0.0423
SSE	24426	3253.8248	3646.6744	49000	6740.1895	7717.5343
Hausman Test			13.37 (p值<0.0001)			12.08 (p值<0.0001)
F 值	32.13	64.93		62.55	67.29	
$Prob > F$	<0.0001	<0.0001		<0.0001	<0.0001	
样本截面数	20	20	20	20	20	20
样本总数	199	199	199	199	199	199
		F Test 说明 FEM 优于 OLS	Hausman Test 说明 FEM 优于 REM		F Test 说明 FEM 优于 OLS	Hausman Test 说明 FEM 优于 REM

注：(1:0.5:0.5) 代表分行、支行和代表处的权重；(1:0:0) 代表分行、支行和代表处的权重。

表8-7结果分析，在模型①的基础上，我们加入我国 GDP 数量作为解释变量，但是除了在 OLS 模型中系数统计值显著外，在 FEM 和 REM 中均不显著，说明我国 GDP 与外资银行进入没有关联，我国外资银行进入的区位优势不明显，这一点与我国目前的金融市场不很成熟相吻合。安东尼奥（Paolo Di Antonio）、马里奥蒂（Sergio Mariotti）与比斯赛特罗（Lucia Piscitello）采用折衷理论探讨意大利银行的海外扩张，实证结果显示，厂商特有优势愈大（规模较大或国际经验较多），银行愈容易扩张至国外市场；为了维持已存在的客户关系，银行倾向于扩张至有母国企业的东道国，以取得内部化优势，至于东道国的条件也是吸引外国银行的因素，如规模较大且发展完善的金融市场、风险较低的国家，银行海外投资的涉入程度（Higher Level of Commitment）会较高。

莫西仁（Fariborz Moshirian）的实证发现，双边贸易、银行的国外资产、资金成本、相对经济成长、汇率及非金融部门的对外直接投资，是主要影响银行业对外直接投资的决定因素。

（3）考虑亚洲地缘关系的影响因素

由模型③得表8－8。

表8－8 对外资银行进入与是否在亚洲地区面板数据的计量（1:1:1）

	样本期 1997～2006年		
Intercept	3.12549 (0.16)	-4.46495 (-0.29)	72.85813 (1.30)
lnINV	6.08603*** (10.57)	-0.0429 (-0.04)	1.496793* (1.51)
lnTRA	1.92449*** (4.10)	0.498144 (0.71)	0.340899 (0.54)
lnDIS	-9.02642*** (-4.97)	0	-8.86252 (-1.47)
DUMMY	-1.7262 (-0.60)	0	9.283954 (1.10)
	混合OLS模型	固定效应模型	随机效用模型
R^2	0.4901	0.9297	0.0458
SSE	48908	6740.1895	7624.0877
F值	46.86	67.29	
Prob > F	<0.0001	<0.0001	
样本截面数	19	19	19
样本总数	199	199	199

表8－8结果显示，外资银行进入与亚洲不存在地缘关系。乔凡尼（Julian Di Giovanni）以引力模型分析1990～1999年银行业跨国购并现象，实证结果支持引力模型的预期，即银行是否会到另一国直接投资与距离成反比，与经济规模成正比。但在福卡雷利（Dario Focarelli）与普若罗（Alberto Franco Pozzolo）的实证中，发现距离对银行是否进行海外扩张有正面影响，认为可能是为了服务顾客，而必须在不同时区进

8 我国外资银行市场准入监管的实证分析

行海外扩张。我们的实证结果更倾向于福卡雷利和普若罗的观点。

(4) 模型③在 $DUMMY_1$ 条件下

考虑 2001 年进入世界贸易组织的因素影响,取 2001~2006 年为 $DUMMY_1 = 1$,其他为 $DUMMY_1 = 0$。

表 8-9 对外资银行进入与 2006 年外资放宽面板数据的计量 (1:1:1)

	样本期 1997~2006 年		
Intercept	-117.28549 *** (-8.13)	-39.4917 (-1.45)	-46.5234 * (-1.95)
$\ln INV$	5.63712 *** (9.90)	0.028144 (0.02)	1.802555 (1.71)
$\ln TRA$	2.52182 *** (5.75)	1.028142 (0.79)	1.451185 (1.55)
$DUMMY_1$	-5.56207 ** (-2.31)	-1.95478 (-1.37)	-2.93323 ** (-2.28)
	混合 OLS 模型	固定效应模型	随机效用模型
R^2	0.4594	0.9308	0.0517
SSE	51850	6633.5276	7548.5264
Hausman Test			9.18 p 值 = 0.0568
F 值	39.73	63.14	
$Prob > F$	<0.0001	<0.0001	
样本截面数	19	19	19
样本总数	199	199	199
		F Test 说明 FEM 优于 OLS	Hausman Test 说明 FEM 优于 REM

注:(1:1:1) 代表分行、支行和代表处的权重。

表 8-9 分析结果表明,在模型③中,我们加入政策性变量来检验监管政策的改变对外资银行在华机构数量的影响。考虑 2001 年进入世界贸易组织的因素影响 (取 2001~2008 年为 $DUMMY_1 = 1$,其他为 $DUMMY_1 = 0$)。从表 8-9 中可以看到,在 OLS 模型和随机效用模型中,$DUMMY_1$ 系数的统计值均显著,表明中国 2001 年进入世界贸易组织对外

资银行的准入影响显著。毕文（Alan Be-van）、艾斯群（Saul Estrin）与梅尔（Klaus Meyer）探讨政策与法规制度对吸引外国银行投资的影响，实证显示一国的制度法规品质越好，越能吸引外国银行投资。奥崔维拉（J. François Outreville）着重于区位优势，其实证结果显示，规模、人力资本和文化距离（Cultural Distance）会影响全球前五十大金融集团的国际化。

（5）模型③在$DUMMY_2$条件下

考虑 2003 年 12 月颁布《境外金融机构投资入股中资金融机构管理办法》的因素影响。取 2004～2006 年为 $DUMMY_2 = 1$，其他为 $DUMMY_2 = 0$。

表 8-10 对外资银行进入与 2006 年外资放宽面板数据的计量（1:1:1）

	样本期 1997～2006 年		
Intercept	-117.71491*** (-7.99)	69.88279* (1.84)	16.44026 (0.53)
lnINV	5.58623*** (9.73)	-0.21492 (-0.18)	1.251955 (1.20)
lnTRA	2.43029*** (5.50)	-1.27947* (-1.75)	-0.50225 (-0.59)
$DUMMY_2$	-3.24095 (-1.24)	5.342861*** (3.06)	2.711835* (1.73)
	混合 OLS 模型	固定效应模型	随机效用模型
R^2	0.4490	0.9333	0.0393
SSE	52848	6436.7137	7568.7817
Hausman Test			22.65 p 值 = 0.0001
F 值	39.73	67.66	
Prob > F	<0.0001	<0.0001	
样本截面数	19	19	19
样本总数	199	199	199
		F Test 说明 FEM 优于 OLS	Hausman Test 说明 FEM 优于 REM

注：（1:1:1）代表分行、支行和代表处的权重。

8 我国外资银行市场准入监管的实证分析

表 8-10 结果分析表明，$DUMMY_2$ 在固定效应模型和随机效用模型均显著，表明 2003 年《境外金融机构投资入股中资金融机构管理办法》对于外资银行经营范围和经营地域的放松管制对外资银行的在华机构数产生了影响。

(6) 模型③在 $DUMMY_3$ 条件下

考虑 2006 年我国银行业的全面开放和 2006 年 11 月国务院公布《外资银行管理条例》（取 2006 年为 $DUMMY_3 = 1$，其他为 0）。

表 8-11 对外资银行进入与 2006 年外资放宽面板数据的计量（1:1:1）

	样本期 1997~2006 年		
$Intercept$	-114.86869 (-7.83)***	11.82287 (0.44)	2.282358 (0.10)
$\ln INV$	5.57157*** (9.67)	-0.1256 (-0.11)	1.360181 (1.31)
$\ln TRA$	2.34486*** (5.33)	-0.69921* (-1.72)	0.498144* (2.21)
$DUMMY_3$	-1.7262* (-1.60)	4.93924*** (2.88)	4.105027* (2.40)
	混合 OLS 模型	固定效应模型	随机效用模型
R^2	0.4448	0.9333	0.0526
SSE	53248	6364.4202	7464.3560
Hausman Test			18.75
F 值	39.06	67.79	
Prob > F	<0.0001	<0.0001	
样本截面数	19	19	19
样本总数	199	199	199
		F Test 说明 FEM 优于 OLS	Hausman Test 说明 FEM 优于 REM

注：(1:1:1) 代表分行、支行和代表处的权重。

表 8-11 分析结果表明，$DUMMY_3$ 在固定效应模型和随机效用模型中系数统计值均显著。结果表明，2006 年银行业的全面开放和对外资银行经营范围和地域的进一步放宽对外资银行的进入有着深刻的影响。

综合上述三个模型的实证分析，结合我国的外资银行准入现状，我们得出，我国外资银行进入的程度除了受双边贸易、外资对华直接投资的影响外，我国的监管政策是影响外资银行进入的最为关键的因素。三次针对外资银行的金融政策实施，都对外资银行的进入规模和程度产生直接的影响。GDP 和距离对我国外资银行进入的程度影响不是很明显，这可以解释为两个原因：一是我国目前尚处于银行业开放的初期，金融市场还不是很成熟，金融环境的影响还远远不及政策环境的影响；二是两国的距离越远，对贸易和直接投资有一定的空间障碍，但是随着中国经济的日益开放，最近 10 年来，中国的经济贸易往来遍及全球，外资银行追随客户，越洋登陆的意愿增强，两方面的影响使得距离对外资银行进入程度的影响不明显。

8.4.2 外资银行进入形式因素的实证分析

第 4 章的结论表明，外资银行进入的形式（分行或子行）与银行监管当局的政策导向密切相关，2006 年 11 月国务院公布《外资银行管理条例》，完善外资银行公司治理、跨境交易、资产转移以及母行对在华机构管理等方面的制度。监管政策的改变会影响外资银行进入时的成本收益，从而改变外资银行的进入方式。变量选取及实证模型：

我们取 $DUMB$ 为政策变量，代表 2006 年我国对外资银行业的全面开发，2006 年以前 $DUMB=0$，2006~2008 年，$DUMB=1$。基于上述分析，我们构建的模型④为

$$SBR = c_0 + c_1 ATRA + c_2 AGDP + c_3 DUMB + c_4 SB \times DUMB + c_5 SS \times (1 - DUMB) \qquad ④$$

利用表 8-5 的数据，实证结果如表 8-12 所示。

8 我国外资银行市场准入监管的实证分析

表 8-12 考虑 1999~2008 年分行和子行选择的政策影响因素计量
（在 2006 年、2007 年和 2008 年 $DUMB=1$，其他为 0）

Variable	Parameter Estimate	Standard Error	t Value	Pr > |t|
Intercept	2.50755	0.35594	7.04	0.0196
ATRA	0.42657	0.11658	3.66	0.0672
AGDP	-1.25000	0.26934	-4.64	0.0434
DUMB	-0.43378	0.08300	-5.23	0.0347
SB*DUMB	0.01743	0.00216	8.07	0.0150
SS*DUMB	-0.00065763	0.00018405	-3.57	0.0702
R^2	0.9995		F Value	869.57

表 8-12 结果分析，运用 OLS 方法得出的计量结果表明：子行与分行的比例 SBR 与 DUMB 和 SB*DUMB 在 5% 的显著性水平下均显著，与 SS*DUMB 在 10% 的显著性水平下显著，表明 2006 年银行监管当局由分行导向型转变为子行导向型的监管政策导向的改变，对外资银行进入形式产生了显著的影响。

总结模型④我们得出，2006 年我国银行业对外全面开放，《外资银行管理条例》区别对待法人银行和外国银行分行，在从事零售业务方面实施了不同的准入措施，《外资银行管理条例》要求以法人资格经营本币零售业务，所以全面开展人民币业务的外资银行必须是在中国注册的法人银行。此外，法人银行可以发卡，而分行不能发卡，这些措施充分体现了金融稳定的原则，这是出于审慎监管的需要，也是对中国零售市场进行适度保护。政策导向对外资银行的进入形式影响明显，实证研究为银行业的开放提供了有力的佐证。

9 结论与建议

9.1 主要结论

1. 外资银行具有资金跨国流动风险。外国银行具有跨国属性，面临支付危机的时候，涉及的监管主体较多，其资金具有国际转移的特性，在全球化背景下，跨国银行在任何地区、任何业务领域的风险都可能迅速地传递到分支机构，东道国监管当局无法及时实施风险隔离。当外资银行筹措的资金主要来自东道国时，外资银行可以通过与母行的资金往来，将资金调入或调出东道国。因而当外资银行面临资金流动性风险时，东道国监管当局应实行最后贷款人职责为其提供流动性，尤其是针对外国银行分行。如果不实行救助，外资银行破产将对东道国的金融体系造成冲击，同时给东道国储户带来损失，引发系统性危机。

2. 我国外资银行市场准入的法律层次低，[①] 权威性不够，法规不够完善。制度内容明显缺位，规定过于笼统，缺乏可操作性，导致各地对外资银行监管标准不一，有损法律的统一性。外资银行税收优惠与国内银行的差距明显。目前我国对银行业监管的法律法规框架尚未完善，使得我国的金融监管机构根本没有足够的合适合法手段来制裁外资金融机构可能出现的违规行为。外资银行进入中国市场还处于摸索阶段。

3. 银行监管当局制定的监管政策是动态的。特别是在中国这么一个快速发展的国家，外资银行监管政策总是与经济形势的发展、我国金融的发展程度以及监管层对外资银行的认识相关。在我国对外资银行开放的三个阶段中，我国的外资银行监管政策总是随着我国经济的发展程

[①] 《中华人民共和国外资银行管理条例》效力再高，也仅停留于行政法规级别。

9 结论与建议

度和开发程度而发生改变,在不同阶段,政府希望外资银行在我国经济中扮演不同的角色。在完全信息静态博弈中,政府通过金融政策来影响外资银行不同进入形式的支付函数,从而引导外资银行的进入形式。银行业外开放的程度也会逐步加大,监管的政策导向也在不断地改变,这在 2006 年以后,我国对外资银行监管导向从分行导向型转变为法人导向型中表现得尤为明显。这种导向的变化,是在银行业全面开放的新形势下,监管层对外资银行进入所带来风险的重新考量所导致的。

4. 强势政府和弱势政府对外资银行的某一类特定的违规行为处罚力度上会产生分歧;强势政府此时倾向于严厉处罚,或者严格按照既定监管法规进行处罚。而弱势政府此时倾向于从轻处罚,或者以一种故意忽视的策略来对待外资银行的特定的违规行为。这种分歧产生的根源是强势政府和弱势政府对外资银行违规带来成本收益的不同考量,最终的监管政策取决于监管的收益和成本的对比。外资银行总是在进入的收益和成本之间进行衡量,从而决定是否进入,或者以什么形式进入。监管的效果取决于监管当局和外资银行双方的成本收益考量,即政府强弱形象、监管力度、监管效率以及相同行业的国内外的比较优势。因此,政府可以通过信息发布、调整监管的力度和效率来引导外资银行的进入形式和进入新的业务领域。

5. 实证表明,除贸易、投资等因素外,监管政策是影响外资银行市场准入的重要因素,监管政策不仅影响外资银行的进入程度,而且决定着外资银行的进入形式。

9.2 政策建议

1. 转变监管理念,坚持准入监管市场化

在准入监管的制度设计和政策实施过程中,我们应该尊重市场规律,充分利用市场的力量。准入监管可以适当宽松化,改革代表处制度,设置银行业务范围的分类许可制度,采取分阶段分步放开的方式。对资本实力雄厚、经营品质良好的外资银行,我们可以逐步放开一些高级别的业务,如人民币存贷款业务、人民币兑换业务。

这里我们可以借鉴中国香港和新加坡的银行分级制度,并根据银行的实力、管理素质、经营能力和经验以及在华的经营业绩等情况，将外资银行划分为不同的级别，确定不同的业务经营范围，向外资银行发放A类（全面性业务）、B类（有限业务）和C类（离岸业务）等不同的经营牌照。同时，还可以规定外资银行刚进入时只能经营B类银行业务，A类银行只能由经营比较好的B类银行升格而成。反之，若发现A类银行在经营效益、内部管理水平、守法情况等方面明显下降，则可将该银行降为B类或限制其部分业务并责令其改正。

2. 政府监管与市场监督并行

市场约束是《巴塞尔新资本协议》的三大支柱之一。坚持直接审慎监管的同时，鼓励公众参与监督，监管机构可以要求申请者提供国际性的审计报告，或者提供国际评级公司的评级报告，规定银行董事对所披露的信息负责。如果信息存在错误或者误导，将负法律责任。政府监管经常是死板的、间断的、官僚性的，并且改变太慢，而市场监督是连续不间断的、客观的和非官僚性的。面对市场的压力，银行不得不权衡风险和收益的一致性，这将有利于银行更好地进行公司治理。目前中国的制度环境还不是很完善，监管权力滥用在各行各业频频发生，在这种情况下，市场约束能在一定程度上保证监管的独立性，减少博弈参与者目标函数的相关性。

使用评级结果作为市场准入的条件。随着金融行业监管部门管理方式的转变，监管部门将越来越多地使用评级结果作为市场准入的条件。据悉，我国融资结构的特点是以银行信贷为主，间接融资在融资结构中的比重几乎达到80%。但我国商业银行的风险管理水平仍不能满足信贷规模的发展。按照《巴塞尔新资本协议》的要求，国内商业银行计量信用风险的方法主要应为内部评级初级法或标准法，即采用外部信用评级机构的评级结果计量信用风险。对于尚无能力建立内部评级体系或内部评级成本较高的商业银行，采用外部评级是提高风险管理水平和降低信贷风险控制成本的有效途径。

3. 完善准入监管的法律制度

（1）完善外资银行经营人民币业务的法律制度。允许外资银行和人民银行或中资银行建立一种货币互换协议；允许外资银行发行人民币大额可转让定期存单（CD），发行对象是中资银行；引导外资银行存款对象的范围，以增强其存款的稳定性；加强对外资银行经营人民币业务的资格审查，建立信用评级和分类监管制度；建立外资银行联行之间人民币资金调剂的机制；取消人民币业务上的优惠税率，早日实现中外资银行的等同赋税，在公平竞争的同时，也可减缓外资银行全面经营人民币业务后对中资银行产生的冲击。

（2）尝试制定专门的《外资银行参股中资商业银行管理条例》。

①详细规定外资银行参股中资商业银行的原则，参股中资商业银行的外资银行的资格、出资比例、外资银行参股中资商业银行的有关程序等。在规定外资银行参股中资商业银行相关制度和条件大框架的基础上，针对其中一些有重要意义的、关键性的环节作出更具体明确的规定。通过制定量化的、可供操作的执行标准，为外资银行在参股中资商业银行的过程中的自我约束和监管当局的有效监管提供依据。

②加强对外资银行参股的中资商业银行的存款人和银行本身的保护。详细规定外资银行参股的中资商业银行中存款人和中方股东享有的各项权利，规定外资银行在维护存款人和中资商业银行利益的过程中所应承担的义务和责任。尤其要注意的是，针对违反管理条例的规定，没有切实履行其义务，造成存款人和中资商业银行利益受到损害的外资银行，要规定详细的法律责任，切实保障存款人和中资商业银行的利益。

③加强外资银行对中资商业银行风险责任的承担。外资参股中资商业银行，不仅有权利享有应得的利益，同时也应该承担中资商业银行的风险。

4. 注重对外资银行的地区和国别分布管理

（1）合理调整外资银行引进的国别分布。在立法完善方面需要着重考虑以下几个因素：一是引进与我国外贸、金融有比较密切合作关系的银行；二是引进我国需要其提供金融服务的银行；三是引进需要对方国家提供互惠政策的银行；四是引进资本雄厚，在世界各地有较好分支机构的银行；五是在国别选择上本着分散、平衡的原则。针对目前存在着引进外资银行的国别分布过于集中的问题，今后应采取适当的限制措施，同时多引进一些欧美等国的大银行。

（2）区域准入政策方面。为促进外资银行在全国的均衡发展，并适应我国加快中西部地区经济发展的战略，应从市场准入上对进入中西部地区的外资银行提供相对优惠的条件。如对外资银行在西部和东北地区设立机构和开办业务的申请，银监会在审理时设立绿色通道，在同等条件下优先审批。同时应研究对中西部和东北地区外资银行经营人民币业务实行更加优惠的准入政策的可行性，继续支持外资银行在这些地区设立机构和开展业务。此外，在适当放开金融薄弱环节的准入要求的同时，对于进入中西部和东部地区提供金融服务的机构，可采用"低门槛、严监管"的思路进行监管。

5. 加强外资银行监管的国际协调与合作

加强与国际金融监管组织间的合作与交流是大势所趋，在市场准入监管方面，外国银行要在我国设立分支机构时，必须得到我国和其母国监管当局的双方同意。应加强东道国和母国的协调与合作，以有效地发现和阻止不稳健经营的外资银行分支机构的设立，如在对外资银行设立进行审批时，应根据申请银行的综合情况向母国监管当局进行详细、全面的征询和调查，以提高引进质量，防范金融风险。在市场运营监管方面，可以参照《巴塞尔新资本协议》，通过双方协议的方式对我国与外资银行母国在外资银行清偿能力、流动性和外汇交易及其头寸监管方面进行合作监管和合理分工，全面、明确地划分监管责任，以减少外资银行监管的空白区域，实现对外资银行的多层次、多方位的有效监管。在市场退出监管方面，与外资银行母国进行合作，在外资银行发生经营困难时，请求外资银行母国中央银行进行最后援助或与我国中央银行进行联合援助，拯救有问题的外资银行，防止其破产引发的金融动荡。

6. 在市场准入模式的选择上，我国应选择"适度保护模式"

世界贸易组织主张各成员国根据自身的状况及竞争力，实行逐步自由化，为其国内产业提供一个结构调整的机会，逐步自由化意味着各成员的服务市场开放只能是逐步扩大市场准入，逐步实现更高水平的自由化，该过程应在互利的基础上促进所有成员的利益，保证权利和义务的总体平衡等。因此，在金融服务贸易市场开放方面，各成员的差距正是世界贸易组织逐步自由化的具体体现。因此，对我国金融业的开放，必须有一个缓冲期，坚持循序渐进、逐步开放的原则，在试点的基础上，逐步扩大开放的地域、领域，逐步增加引进金融机构的数量等，逐步地提高我国金融业的对外开放水平。在我国银行业对外开放中，我国应当在坚持国家利益的前提下，充分运用国际规则，逐步实行国民待遇原则。逐步完善法律环境、税收待遇、财务会计制度、资产评估等方面的制度，构建稳定、公平、宽松的投资环境。

7. 建立有效的外资银行监管体系

（1）建立外资银行风险预警系统。有效银行监管不仅应当建立明确而客观的许可标准，而且还应保证许可标准与持续审慎监管标准相一致。这样，当一家既存外资银行不再符合标准时，就可据此吊销其执照。为了对外资银行实施有效监控，及时对其可能发生的金融风险进行预警，我们可以设置一系列监测指标和通常界限，持续动态地监控外资银行的内控机制、经理人素质、资产规模、母行所在国的监管制度及其监管状况、是否享有母国存款保险制度等状况，对接近通常界限的外资银行及时进行预警干预。

（2）建立现代化的外资银行监管方法系统。建立政府监督、市场约束和内部稽核三位一体的监管体系。政府监督采取现场检查和非现场检查相结合的方式；外资银行和市场一起内外共同稽核，外资银行可以建立自己的内部模型来计算违约概率和违约损失，同时，外资银行应披露风险建模的方法；市场主要提供信息披露和审计报告。

（3）建立对监管者的再监督方法系统。为了防止监管者滥用监管权力、防范金融腐败、提高金融监管效率，必须采取有效的方法对金融监管部门和监管人员进行严格的考核和再监督。再监督最好的办法是让权力阳光化。

附录1　中国银行业对外开放大事记[1]

第一阶段

1980年,日本输出输入银行在北京设立第一家外资银行代表处。

1981年,南洋商业银行在深圳设立改革开放以来第一家外资银行营业性机构。

1983年,颁布《关于侨资、外资金融机构在中国设立常驻机构的管理办法》。

1985年,颁布《中华人民共和国经济特区外资银行、中外合资银行管理条例》,允许外资银行在深圳、珠海、厦门、汕头和海南设立营业性分支机构。

1990年8月,颁布《上海外资金融机构、中外合资金融机构管理办法》。

第二阶段

1994年,颁布全面规范外资银行的第一部法规——《中华人民共和国外资金融机构管理条例》,规定了外资银行在华经营的市场准入条件和监管标准。

1996年,颁布《上海浦东外资金融机构经营人民币业务试点暂行管理方法》,允许外资银行在上海浦东试点经营人民币业务,服务对象限于外资企业和境外居民。

1998年3月,发布《关于批准外资银行加入全国同业拆借有关问题的通知》,允许外资银行加入全国同业拆借市场,从事人民币同业拆借和现券交易。

1998年8月,批准深圳为第二个允许外资银行经营人民币业务的

---

[1] 资料来源:2007年中国银监会公布的《中国银行业对外开放报告》。

试点城市。

1999年7月,发布《关于扩大上海、深圳外资银行人民币业务范围的通知》,放宽对外资银行人民币业务客户的地域限制和人民币业务的规模限制,允许外资银行向同业借入一年期以上的人民币资金。

第三阶段

2001年12月,中国加入世界贸易组织;取消外资银行办理外汇业务的地域和客户限制,允许外资银行经营对中国企业和中国居民的外汇业务;在上海、深圳、天津和大连四个城市向外资银行开放人民币业务。

2001年12月,颁布《中华人民共和国外资金融机构管理条例》(修订版)。

2002年1月,颁布《中华人民共和国外资金融机构管理条例实施细则》(修订版)。

2002年12月,在广州、青岛、珠海、南京、武汉五个城市向外资银行开放人民币业务。

2003年12月,在济南、福州、成都和重庆四个城市向外资银行开放人民币业务;允许外资银行在已开放人民币业务的地域经营对中资企业的人民币业务。

2003年12月,颁布《境外金融机构投资入股中资金融机构管理办法》,规定入股中资银行的资格条件和持股比例。

2004年12月,在昆明、北京、厦门、沈阳和西安五个城市向外资银行开放人民币业务。

2005年12月,在汕头、宁波、哈尔滨、长春、兰州、银川、南宁七个城市向外资银行开放人民币业务。

2006年11月,颁布《中华人民共和国外资银行管理条例》。

2006年11月,颁布《中华人民共和国外资银行管理条例实施细则》。

2006年12月,取消外资银行经营人民币业务的地域和客户限制,允许外资银行对所有客户提供人民币服务;取消对外资银行在华经营的非审慎性限制。

附录2 在华外资银行机构设立申请条件[①]

外资银行类型	设立银行的类型申请条件
外商独资银行	1. 申请人为金融机构； 2. 申请人在中国境内已经设立代表机构2年以上； 3. 申请人提出设立申请前1年年末总资产不少于100亿美元； 4. 申请人所在的国家或地区有完善的金融监管制度，并且申请人受到所在国家或地区有关主管当局的有效监管； 5. 申请人所在国家或地区有关主管当局同意其申请； 6. 中国银监会规定的其他审慎性条件
外国银行分行	1. 申请人在中国境内已经设立代表机构2年以上； 2. 申请人提出设立申请前1年年末总资产不少于200亿美元，并且资本充足率不低于8%； 3. 申请人所在的国家或地区有完善的金融监管制度，并且申请人受到所在国家或地区有关主管当局的有效监管； 4. 申请人所在的国家或地区有关主管当局同意其申请； 5. 中国银监会规定的其他审慎性条件
中外合资银行	1. 申请人为金融机构； 2. 申请人在中国境内已经设立代表机构； 3. 申请人提出设立申请前1年年末总资产不少于100亿美元； 4. 申请人所在的国家或地区有完善的金融监管制度，并且申请人受到所在国家或地区有关主管当局的有效监管； 5. 申请人所在国家或地区有关主管当局同意其申请； 6. 中国银监会规定的其他审慎性条件

---

① 资料来源：根据《中华人民共和国外资银行管理条例》整理。

附录3 在华外资银行高管人员申请条件[1]

外资银行高级管理人员应具备的基本条件	1. 熟悉并遵守中国金融监管法律法规； 2. 具有与担任职务相适应的专业知识、工作经验和组织管理能力； 3. 无不良记录； 4. 除此之外，还对高级管理人员作了许多限制规定，如有犯罪记录、因违法而受到重大处罚、过去五年内因重大工作失误给所任职金融机构或其他企业、公司造成重大损失等情形的人员不得担任外资银行的高级管理人员

---

[1] 资料来源：根据《中华人民共和国外资银行管理条例》整理。

附录4 1985年外资银行允许从事的业务[①]

（一）本、外币放款和票据贴现；

（二）国外和中国香港、中国澳门地区汇入汇款和外汇托收；

（三）出口贸易结算和押汇；

（四）外币和外币票据兑换；

（五）本、外币投资业务；

（六）本、外币担保业务；

（七）股票、证券买卖；

（八）信托、保管箱业务，资信调查和咨询服务；

（九）侨资企业、外资企业、中外合资经营企业和中外合作经营企业的汇出汇款、进口贸易结算和押汇；

（十）侨资企业、外资企业、中外合资经营企业和中外合作经营企业的本、外币存款及透支，外国人、华侨和港澳同胞的本、外币存款及透支；

（十一）办理国外或中国香港、中国澳门地区的外汇存款和外汇放款；

（十二）其他业务。

---

① 资料来源：《中华人民共和国经济特区外资银行、中外合资银行管理条例》。

附录5 1994年外资银行允许从事的业务[1]

（一）外汇存款；

（二）外汇放款；

（三）外汇票据贴现；

（四）经批准的外汇投资；

（五）外汇汇款；

（六）外汇担保；

（七）进出口结算；

（八）自营和代客户买卖外汇；

（九）代理外币及外汇票据兑换；

（十）代理外币信用卡付款；

（十一）保管及保管箱业务；

（十二）资信调查和咨询；

（十三）经批准的本币业务和其他外币业务。

---

[1] 资料来源：《中华人民共和国外资金融机构管理条例》。

附录6 2006年外资银行允许从事的业务[①]

（一）吸收公众存款；
（二）发放短期、中期和长期贷款；
（三）办理票据承兑与贴现；
（四）买卖政府债券、金融债券，买卖股票以外的其他外币有价证券；
（五）提供信用证服务及担保；
（六）办理国内外结算；
（七）买卖、代理买卖外汇；
（八）代理保险；
（九）从事同业拆借；
（十）从事银行卡业务；
（十一）提供保管箱服务；
（十二）提供资信调查和咨询服务；
（十三）经国务院银行业监督管理机构批准的其他业务。

---

① 资料来源：《中华人民共和国外资银行管理条例》。

附录7　市场准入监管实例[①]

2005年6月20日，美联储以网上公告的形式，正式批准智利国民银行（Banco Del Estado De Chile）成立纽约分行，该批准书中体现了美国监管机关对外国银行准入的法律依据、监管要求和审批要点，现将美联储该批复公告简要翻译如下：

美国联邦储备委员会关于同意智利国民银行在美国设立分行的公告

根据《国际银行法》（*International Banking Act*）和1991年《外国银行加强监管法》（*Foreign Bank Supervision Act of* 1991），智利国民银行（以下简称银行）提出在纽约开设分行的申请（该申请已在2004年6月30日的 *The Daily News* 上进行了公告）。

银行总资产154亿美元，智利第三大商业银行，为智利政府全资拥有，在智利全国有300家分行，提供各类零售和批发业务。在美国申设的分行将主要经营批发业务，如贸易融资和商业贷款业务，并从事资金交易、银团贷款、固定收益债券投资等业务。

根据《国际银行法》的有关规定，银行向美联储提供了充分信息，以使美联储作出以下决定：

（1）银行所在母国的金融监督机关，即智利金融监管局（Superintendencia de Bancose Institutiones Financieras）具有综合监管能力（Supervision on a consolidated basis）符合美国监管要求，判定银行受到有效的综合监管。

（2）智利当局的风险资本管理标准符合《巴塞尔新资本协议》的有关要求，该银行的资本已超过美国监管机关认可的最低资本要求，银行的内部管理和财务状况稳定，管理人员有足够的能力和经验管理未来

---

① 姜建清.国际商业银行监管环境与体制［M］.北京：中国金融出版社，2006，452.

的纽约分行。

（3）智利是 FATFSA（Financial Action Task Force for South America）的正式成员，该国当局已根据该组织有关要求，制定了有效的反洗钱制度，并以法律的形式确保其实施。

（4）银行向美联储确保在未来经营中保持充分的透明公开，并及时向美国监管当局提供各类监管信息。

根据上述情况，美联储批准智利国民银行成立纽约分行。

参考文献

［1］巴塞尔银行监管委员会．巴塞尔银行监管委员会文献汇编［M］．北京：中国金融出版社，2002．

［2］巴曙松．外资入股中国银行业：如何超越"贱卖"的争论与分歧［J］．西部论丛，2005（3）．

［3］巴曙松等．金融业资本监管制度比较研究［J］．研究报告，2004（12）．

［4］白叙雅，李炎．外资银行进入有利于打破我国银行业的低效率均衡［J］．首都经济，2002（1）：26～28．

［5］才宏远，王新华．在华外资银行发展情况分析［J］．中国金融，2007（14）．

［6］蔡奕．跨国银行监管的主要法律问题研究［M］．厦门：厦门大学出版社，2004．

［7］曹承祯．试论外资银行监管制度的比较与我国的选择［D］．上海：复旦大学，2008．

［8］曹雪莉．银行业全面开放后对中国金融监管的影响及对策［J］．产业与科技论坛，2007，6（10）．

［9］陈小敏，王晓秋，彭海燕．美国银行法［M］．北京：法律出版社，2000．

［10］陈学彬．金融博弈论［M］．上海：复旦大学出版社，2007．

［11］陈元．美国银行监管［M］．北京：中国金融出版社，1998．

［12］段海涛．外资银行经营人民币业务的监管问题研究［J］．金融教学与研究，2001（1）．

［13］丁建臣．外资银行转制考量监管智慧［J］．国际融资，2007，2：25～26．

[14] 董红苗. 制度套利：金融套利的又一种形式［J］. 浙江金融, 2003（11）.

[15] 樊刚. 发展民间金融与金融体制改革［J］. 上海金融, 2000（9）.

[16] 裴桂芬. 银行监管理论与模式［M］. 北京：商务印书馆, 2005.

[17] 高铁梅. 计量经济学分析方法与建模———EViews 应用及实例［M］. 北京：清华大学出版社, 2006.

[18] 高晓红. 低效率均衡及其改进——外资银行进入与中国国有商业银行改革困境的解除［J］. 金融研究, 2000（6）：23~26.

[19] 郭妍, 张立光. 外资银行进入对我国银行业影响效应的实证研究［J］. 经济科学, 2005（2）：58~66.

[20] 郭颖. 国内金融监管模式探究［J］. 农业经济, 2007, 2：57~58.

[21] 国务院发展研究中心金融研究所. 中国城市商业银行抽样调查的一些重要结论［N］. 金融时报, 2005-02-07.

[22] 何问陶, 蒋海. 农村信用社产权制度改革与组织制度选择［J］. 金融研究, 2000（11）.

[23] 何自云. 外资银行的边界：经济功能和制度成本［M］. 北京：中国银行出版社, 2003, 165.

[24] 胡维波. 金融监管理论综述［J］. 当代财经, 2004（3）.

[25] 胡孝红, 刘广斌. 论对外资银行的法律监管［D］. 社会科学研究, 2000（2）.

[26] 韩龙. 对外资银行准入形式的法律监管分析［J］. 法学评论, 1999（5）：44~45.

[27] 韩孟泰, 侯峻峰. 外资银行进入对我国银行市场结构和效率的影响分析［J］. 金融经济, 2009（10）：63~64.

[28] 何德旭, 王朝阳. 外资银行进入的动机、形式及其影响述评［J］. 当代财经, 2007（1）.

[29] 赫黎仁. SPSS 实用统计分析［M］. 北京：中国水利水电出版社, 2003.

[30] 胡加祥,孟庆凯. 我国外资银行市场准入规则实证分析研究——兼评《外资银行管理条例》的合规性 [J]. 上海交通大学学报(哲学社会科学),2007(6).

[31] 黄宪,熊福平. 外资银行进入对我国银行业影响的实证研究 [J]. 国际金融研究,2006(5).

[32] 姜建清. 国际商业银行监管环境与体制 [M]. 北京:中国金融出版社,2006.

[33] 蒋海,刘少波. 金融监管理论及其新进展 [J]. 经济评论,2003(1).

[34] J.M. 伍德里奇. 计量经济学导论 [M]. 北京:中国人民大学出版社,2003.

[35] 江春,许立成. 金融监管与金融发展:理论框架与实证检验 [J]. 金融研究,2005(4).

[36] 蒋海,钟琛,齐洁. 对金融监管理论基础及其政策的反思 [J]. 经济科学,2002(4).

[37] 金俐. 信贷配给论:制度分析 [M]. 上海:上海财经大学出版社,2006.

[38] 金昱. 业务增长放缓 网点扩张加快——2008年外资银行经营态势分析 [J]. 中国城市金融,2009(1):42~44.

[39] 克拉克森,米勒. 产业组织:理论、证据和公共政策 [M]. 中文版,上海:上海三联书店,1989:680~681.

[40] [美] 肯尼思. 美国银行监管制度 [M]. 上海:复旦大学出版社,第5版.

[41] 孔艳杰. 在华外资银行竞争行为的事前规制 [J]. 上海金融,2009(6):87~91.

[42] 李勇. 外资银行监管及其对我国的启示 [D]. 厦门:厦门大学,2008.

[43] 陆军,陈少凌. 美国信用社发展的经验及对我国的启示 [J]. 国际金融研究,2000(9).

[44] 李邦长. 外资银行对我国银行业的影响及对策 [J]. 经济纵横,2007(1).

[45] 李斌, 涂红. 外资银行进入对发展中国家银行体系效率影响的经验检验 [J]. 上海金融, 2006.

[46] 李长春, 外资银行进入后的国际间监管协调 [J]. 财经科学, 2007 (9).

[47] 李长春. 外资银行进入的溢出效应与监管合作 [J]. 上海金融, 2007 (6).

[48] 李钢. 美国如何对银行进行全程监管 [J]. 中国经济周刊, 2004 (22).

[49] 李金泽. 跨国银行市场准入法律制度 [M]. 北京: 法律出版社, 2003: 45~56.

[50] 李金泽. 银行业变革中的新法律问题 [M]. 北京: 中国金融出版社, 2004: 67~70.

[51] 李涛. 商业银行监管的国际比较: 模式及影响 [J]. 经济研究, 1999 (12).

[52] 李卫玲. 美国银行监管机构分三步实施《巴塞尔新资本协议》[N]. 国际金融报, 2003-08-11.

[53] 林毅夫, 李永军. 中小银行发展与中小企业融资 [J]. 经济研究, 2001 (1).

[54] 刘立伟, 吴利娜. 外资银行进入动因及对我国银行业影响的实证分析 [J]. 经济纵横, 2006 (10).

[55] 吕剑. 外资银行进入对我国银行业的影响 [C]. 第三届中国金融学年会论文集, 2006 (10): 4~7.

[56] 罗贤义. 外资并购的效应及策略 [J]. 湖湘论坛, 2008 (6).

[57] 马慧敏. 外资银行进入对我国商业银行绩效影响的实证分析 [J]. 黑龙江对外经贸, 2007 (4).

[58] 孟宪义, 李永浩. 浅谈商业银行的流动性管理 [J]. 济南金融, 2000 (12).

[59] 祁敬宇. 金融监管学 [M]. 西安: 西安交通大学出版社, 2007.

[60] 乔桂明. 论MM理论下我国银行监管方式的转变 [J]. 学术交流, 2007 (10).

[61] 史纪良. 银行监管比较研究 [M]. 北京：中国金融出版社，2005.

[62] 史建平. 外资入股中资银行：问题与对策 [J]. 中国金融，2005（6）.

[63] 宋林，王建玲，王明倩. 外资银行进入对我国银行业效率影响的实证研究 [J]. 财经理论与实践，2009（3）.

[64] 孙会国. 外资银行进入模式及其对东道国的影响研究 [J]. 产业与科技论坛，2007，6（5）.

[65] 汤凌霄. 跨国银行系统性风险监管论 [M]. 北京：经济科学出版社，2004，第四版.

[66] 谈儒勇，丁桂菊. 外资银行进入效应研究述评 [J]. 外国经济与管理，2005（5）.

[67] 伍志文. 货币双轨制政府治理和金融稳定 [M]. 北京：经济科学出版社，2007.

[68] 王聪聪，周敏芬. 全面开放条件下外资银行监管工具和监管模式面临的挑战 [J]. 经济论坛，2006，24：111~112.

[69] 王刚. 外资银行资产风险集中度监管比较研究及启示 [J]. 上海金融学院学报，2007（1）.

[70] 王国刚. 新加坡金融的特点、走势及启示 [J]. 农村金融研究，2000（4）.

[71] 王声英. 关于我国外资银行监管问题研究 [D]. 成都：西南财经大学，2007.

[72] 王松奇，徐义国. 银行监管当局"悬念"：理性看待央行分拆 [N]. 中国经济时报，2003-02-12.

[73] 王学龙. 有效银行监管研究 [M]. 上海：上海财经大学出版社，2008.

[74] 危建友. 浅论过渡期结束后金融创新对我国银行监管的挑战及应对策略 [J]. 金融经济，2007，2：15~16.

[75] 吴海兵，Masud. 新加坡银行监管机制研究 [J]. 金融教学与研究，2004（5）.

[76] 吴静鸣. 我国商业银行风险的早期预警模型研究 [C]. 中

国优秀硕博士论文库，2003.

[77] 徐德芳，冯祈善．外资银行进入对我国商业银行影响的实证研究 [J]．当代经济，2009（1）．

[78] 徐世辉．我国外资银行监管研究 [D]．长春：吉林大学，2007．

[79] 许建华．商业银行流动性监管的国际比较及监管指标体系构想 [J]．国际金融研究，2000（9）．

[80] 杨春林．商业银行有效监管理论 [M]．北京：人民法院出版社，2005．

[81] 宴宗新，金融业管制与竞争理论研究 [M]．合肥：中国科学技术大学出版社，2007．

[82] 叶欣，冯宗宪．外资银行进入对本国银行体系稳定性的影响 [J]．世界经济，2004（1）．

[83] 叶欣．外资银行进入对中国银行业效率影响的实证研究 [J]．财经问题研究，2006（2）：13~19．

[84] 易华，刘俊华．银行业的对外开放与监管——以新加坡为例 [J]．中国金融，2007（21）．

[85] 于良春，鞠源．垄断与竞争：中国银行业的改革和发展 [J]．经济研究，1999（8）．

[86] 约翰·Y. 坎贝尔，安德鲁·W. 罗，艾克雷格麦金雷等著．朱平芳，刘弘译．金融市场计量经济学 [M]．上海：上海财经大学出版社，2003．

[87] 张荔，张蓉．外资银行进入与东道国体系的效率改进——新兴市场国家的截面数据分析 [J]．南开经济研究，2006（1）．

[88] 张蓉．外资银行进入与东道国银行体系的稳定性：以新兴市场国家为例 [J]．经济与管理研究，2008（2）．

[89] 张旭．金融深化、经济转轨与银行稳定性研究 [M]．北京：经济科学出版社，2004．

[90] 张旭阳．改进银行业的公司治理结构——国际银行业的实践及对我国银行业的启示 [J]．国际金融研究，2001（4）．

[91] 赵华．我国民有银行的市场准入问题研究 [J]．经济学动

态，2005（6）．

［92］中国人民银行存款保险制度课题组．美国存款保险制度实践及其对中国的启示［N］．金融时报，2003－04－06．

［93］周力扬，武康平．跨国银行监管理论的新进展［J］．世界经济研究，2007（6）．

［94］周秀霞．银行业海外扩张决定因素之研究［D］．台北：政治大学金融研究所博士论文，2008，13～42．

［95］朱建武．基于EVA的中小银行绩效与治理结构的关系［J］．财经研究，2005（5）．

［96］泽尔达．外资银行：为中国经济发展增添活力［J］．中国金融家，2009（8）：105～106．

［97］曾国烈．跨国性银行与综合性银行之监督管理与倒闭处理［M］．台北：中央存保公司编印，民国84年5月，33～34．

［98］詹姆士·R.巴茨等著．反思银行监管［M］．北京：中国金融出版社，2008，55．

［99］周洛华．中级金融工程学［M］．上海：上海财经大学出版社，2005．

［100］周敏芬．全面开放条件下我国外资银行监管问题研究［D］．杭州：浙江大学，2007．

［101］周婷．日本企业防御恶意收购的法律措施［J］．湖湘论坛，2007（4）．

［102］邹伟进，刘峥．银行业全面开放对中国银行业的影响及对策［J］．宏观经济研究，2007，5：43～50．

［103］Acharya, S. and J. Dreyfus, "Optimal Bank Reorganization Policies and Pricing of Federal Deposit Insurance", Journal of Finance, 44, 1989（December）：1313－1333．

［104］Acharya, V. Is the International Con－vergence of Capital Adequacy Regulation De－sirable?. Journal of Finance, 2003, 58：2745－2782．

［105］Adlai Fisher & Philip Molyneux, "A Note on the Determinants of Foreign Bank Activity in London between 1980 and 1989", Applied Financial Economics, Vol. 6, No. 3, June 1996, 271 – 272.

[106] Alston, Philip. "The Myopia of the Handmaidens: International Lawyers and Globalization," European Journal of International Law, 1997, 8 (2): 435 – 441.

[107] Arturo Bris, Salvatore Cantale, "Bank capital requirements and managerial self – interest", The quarterly Review of Economics and Finance 2004, 44: 77 – 101.

[108] Alan Bevan, Saul Estrin & Klaus Meyer, "Foreign Investment Location and Institutional Development in Transition Economies", International Business Review, Vol. 13, No. 4, February 2004, 56 – 61.

[109] Barry Williams, "The Defensive Expansion Approach to Multinational Banking: Evidence to Date", Financial Markets Institutions & Instruments, Vol. 11, No. 2, May 2002, 130 – 131.

[110] Barth J., G. Caprio., R. Levine "Bank Supervision and Regulation: What Works Best?" Journal of Financial Intermediation, 2004, 13: 205 – 248.

[111] Berger A. N., Udell G. F., "Relationship Lending and Lines of Credit in Small Firm Finance", Journal of Business, 1995, 68: 351 – 382.

[112] Berger, A. and Udell, G. "Small Business Credit Availability And Relationship Lending: The Importance of Bank Organizational Structure", Working Paper, Board of Governors of The Federal Reserve System, 2001.

[113] Berry Fong—Chung Hsu, Douglas Arner, Qun Wan, Wei Wang. Banking Liberalization and Restructuring in Post—WTO China [J]. Banking & Finance Law Review, 2005 (10): 24 – 30.

[114] Cornwall, Rupert. God's Banker: An Account of the Life and Death of Roberto Calvi (London: V. Gollancz), 1983.

[115] Dario Focarelli & Alberto Franco Pozzolo, "The Pattern of Cross – Border Bank Mergers and Shareholdings in OECD Countries", Journal of Banking & Finance, Vol. 25, No. 12, December 2001, 2323 – 2328.

参考文献

[116] Dario Focarelli & Alberto Franco Pozzolo, "The Pattern of Cross – Border Bank Mergers and Shareholdings in OECD Countries", 2323.

[117] C. Holthausen and T. Ronde. Cooperation in international banking supervision. E – CU 工作论文, 2004.

[118] Chan, Y. S., S. Greenbaum and A. Thakor, "Is Fairly Priced Deposit Insurance Possible?", Journal of Finance 47, March, 1992.

[119] Cho, K. R., Multinational Banks: Their Identities and Determinants [M]. Michigan: UMI Research Press, 1985.

[120] Claessens, Asli Demirguc – Kunt, Harry Huizinga. How does foreign entry affect domestic banking markets [J]. Journal of Banking & Finance, 2001 (25).

[121] Claeys, S. & C. Hainz. "Acquisition Versus Greenfield: the Impact of the Mode of Foreign Bank Entry on Information and Bank Lending Rates", Working Paper Series, No. 653, July 2006.

[122] Claeys, S. & C. Hainz. "Modes of Foreign Bank Entry and the Effects on Interest Rate Spreads: Theory and Evidence", Working Paper, Ghent University, 2004.

[123] Dag Dalen and Trond Olsen. Regulatory competition and multi – national banking. CESi – fo 工作论文, 2004.

[124] Dell'Ariccia, G., Friedman, E., and R. Marquez, 1999, "Adverse Selection as a Barrier to Entry in the Banking Industry", RAND Journal of Economics, Vol. 30, Autumn Peria, Maria Soledad M. and Mody, Ashoka, 2004, "How Foreign Participation and Market Concentration Impact Bank Spreads: Evidence from Latin America", Journal of Money Credit and Banking, 36 (3, 2): 539 –542.

[125] Dell'Ariccia, G. and R. Marquez, Competition among Regulators and Credit Market Integration, mimeo, R. H. Smith School of Business, 2003.

[126] Donald. van. Deventer; Kenji. Lmai 著. 周天芸译. 信用风险模型与新巴塞尔协议 [M]. 北京: 中国人民大学出版社, 2005.

[127] Douglas W. Diamond, Philip H. Dybvig, "Bank Runs, Deposit

Insurance and Liquidity", The Journal of Political Economy, Vol. 91, 1983: 401 – 419.

［128］Eric Van Tassel & Sharmila Vishwasrao, "Asymmetric Information and the Mode of Entry In Foreign CreditMarkets" Dell'Ariccia & Marquez, "Information and Bank Credit Allocation", Journal of Financial Economics, 72 (1): 185 – 214.

［129］European Communities Measures Affecting Asbestos and Asbestos – con taining Products ［R］. Appellate Body Report. Geneva: World Trade Organization, 2000.

［130］Fariborz Moshirian, "International Investment in Financial Services", Journal of Banking & Finance, Vol. 25, No. 2, February 2001, 329 – 331.

［131］Glaessner, Thomas, Thomas Kellermann, and Valerie McNevin. "Electronic Safety and Soundness: Securing Finance in a New Age", Working Paper No. 26, The World Bank, 2004.

［132］Goldberg, L. G. and A. Saunders. Determinants of Foreign Banking Activity in the US ［J］. Journal of Banking and Finance, 1981, 5: 678 – 684.

［133］Gray, J. M. and H. P. Gray. The Multinational Bank: A Financial MNC ［J］. Joumal of Banking and Finance, 1981, 5: 33.

［134］Hawke, Jonn. "Basel Ⅱ: a Brave New World for Financial Institutions?", mimeo, Office of the Currency, http: //www. occ. gov/ftp/release/2003 – 99a. pdf, 2003.

［135］Honahan, Consequences for Greece and Portugal of the Opening Up of the European Banking Market ［M］. In Claessens and Jansen, eds the Internalization of Financial Services, The Hugue: Kluwer Law International, 2000.

［136］Herring, Richard. "How Can the Invisible Hand Prudential Supervision? and How Can Prudential Supervision Strengthen the Invisible Hand?", in Clau – dio Borio, William Hunter, George Kaufman, and Kostas Tsatsaronis, eds., Market Discipline Across Countries and Industries,

2004: 363 – 380 (Cambridge, MA: MIT Press).

[137] http://www.federalreserve.gov/boarddocs/speeches/2001/20010315/default.htm#pagetop (Capital Standards and Community Banks).

[138] http://www.icba.org/communitybanking/ (the website of ICBA).

[139] http://www.ncua.gov/ (the website of NCUA).

[140] J. Frans ois Outreville, "Foreign Affiliates of the World's Largest Financial Groups: Locations and Governance", Research in International Business and Finance, Vol. 21, No. 1, January 2007, 22 – 26.

[141] Jacklin, Bhattacharya, "Banking Panics, Information, and Rational Expectations Equilibrium." Journal of Finance, 1988, 43: 749 – 761.

[142] John H. Dunning, "Trade, Location of Economic Activity and the MNE: A Search for an Eclectic Approach", in B. Ohlin, P. Hesselborn & P. Wijkman, eds., The International Allocation of Economic Activity (London: Macmillan, 1977), 398 – 400.

[143] Jack E Jirak. Equity Investment in Chinese Banks: A Doorway into China's Banking Sector [J]. North Carolina Banking Institute, 2006 (3): 329 – 329.

[144] José Paulo Esperanca & Mohamed Azzim Gulamhussen, "(Re) Testing the 'Follow the Customer' Hypothesis in Multinational Bank Expansion", Journal of Multinational Financial Management, Vol. 11, No. 3, July 2001, 281 – 282.

[145] Julian Di Giovanni, "What Drives Capital Flows? The Case of Cross – Border M&A Activity and Financial Deepening," Journal of International Economics, Vol. 65, No. 1, January 2005, 138 – 145.

[146] Kane, Edward J. "Ethical Foundations of Financial Regulation", National Bureau of Economic Research Working Paper 6020, 1997.

[147] Kim, D., and A. Santomero, "Risk in Banking and Capital Regulation", Journal of Finance, 1988, 43 (5): 1219 – 1233.

[148] Kregel, J. A. "Margins of Safety and Weight of the Argument in

Generating Financial Fragility", Journal of Finance Vol. 31 (1997): 543 – 548 (1967), 482 – 511.

[149] Kane, Edward J. "Ethical Foundations of Financial Regulation", National Bureau of Economic Research, Working Paper 6020, 1997.

[150] Kane, Edward J. "Using Deferred Compensation to Strengthen the Ethics of Financial Regulation", Journal of Banking and Finance, 2002, 26 (September), 1919 – 1933.

[151] Kane, Edward J. "Financial Regulation and Bank Safety Nets: An International Comparison", mimeo, Boston College, 2004.

[152] Kashyup, Anil and Jerome Stein. "Cyclical Implications of the Basel Ⅱ Capital Standards", Federal Reserve Rank of Chicago, Economic Perspectives, First Quarter, 2004: 18 – 31.

[153] Keeley, M. C., "Deposit Insurance, Risk, and Market Power in Banking", American Economic Review, 1990 (80): 5, 1183 – 1200.

[154] Kern Alexander. The World Trade Organization and Financial Stability, Working Paper No. 5 [R]. Cambridge: ESRC Centre for Business Research: Cambridge University, 2002.

[155] Lawrence L C Lee. The Basle Accords as Soft Law: Strengthening International Banking Supervision [J]. Virginia Journal of International Law, 1998 (3): 33 – 34.

[156] Levine Ross. Foreign Bank, Financial Development, and Economic Growth in Claude E. B. (Ed.), International Financial Markets: Harmonization Versus Competition [R]. Washington, DC: AEI Press, 1996: 85 – 96.

[157] Macey, Jonathan R. Regulatory Globalization as a Response to Regulatory Competition, Emory Law Journal, 2003, 52 (3): 1353 – 1379.

[158] Mathieson, D. and Roldos, J. The Role of Foreign Banks in Emerging Markets [R]. Paper presented at the 3rd Annual World Bank, IMF and Brookings Financial Markets and Development Conference, New York, April 2001.

[159] MeLtzer. A. H , "Margins in the regulation of financial regulation", The Journal of Political Economy, Vol. 75, 1998.

[160] Panel Report. United States Standards for Reformulated and Conventional Gasoline [R]. WT/DS2/R. Geneva: World Trade Orgnization, 1996.

[161] Panel Report. United States – Restrictions on Im ports of Tuna [R]. Geneva: World Trade Organization, 1991.

[162] Paolo Di Antonio, Sergio Mariotti & Lucia Piscitello, "Multinational Banks in the Global Economy. Evidence from Italian Case," paper presented at the EIBA conference (Athens: Department of International and European Economic Studies, Athens University of Economics and Business, December 8 – 10, 2002), 20 – 22.

[163] Peek, Joesph, and Eric Rosengren. "Collateral Damaage: Effects of the Japanese Bank Crisis on Real Activity in the United States", America Economics Review, 2000, 90 (1): 30 – 45.

[164] Powell, Andrew. "Basel II and Developing Countries: Sailing through the sea of Standards", mimeo, Universidad Torcuato di Tella and The World Bank, 2004.

[165] Raghuram G. Rajan and Luigi. Zingales "Saving Capitalism From the Capitalists: Unleashing the Power of Financial Markets to Creat Weath and Spread Opportunity", Crown Publishing Group, 2003.

[166] Richard A. Johnson、Dean Wichern 著. 陆璇译. 实用多元统计分析 [M]. 北京: 清华大学出版社, 2001.

[167] Robert Grosse & Lawrence G. Goldberg, "Foreign Bank Activity in the United States: An Analysis by Country of Origin", Journal of Banking & Finance, Vol. 15, No. 6, December 1991, 1094 – 1109.

[168] Robert Lensink, Niels Hermes. The short – term effects of foreign bank entry on domestic bank behaviour: Does economic development matter [J]. Journal of banking &finance, 2004 (28).

[169] Rochet, Jean – Charles. "Rebalancing the 3 Pillars of Basel 2", mimeo, paper prepared for Columbia University – N. Y. Federal Reserve

Bank Conference, Beyond Pillar Three in International Bank Regulation, 2003.

[170] Roger Lee & Ulrich Schmidt - Marwede, "Interurban Competition? Financial Centres and the Geography of Financial Production", International Journal of Urban and Regional Research, Vol. 17, No. 4, December 1993, 508 - 510.

[171] Shin, Hyun Song, Felix Muennich, Charles Goodhart, Paul Embrechts, Jon Danielsson and Con Keating. 2001. "An Academic Response to Basel Ⅱ", FMG Special Papers SP130, Financial Markets Group, London School of Economics.

[172] Stephanie Stolz. Banking supervision in integrated financial markets: implications for the EMU. CESi - fo 工作论文, 2002.

[173] Stiglitz, J. The Role of the State in Financial Markets [EB/OL]. In Proceedings of the World Bank Annual Conference on Development Economics, 1993: 19 - 52.

[174] Singer, David, A. "Capital Rules: The Domestic Politics of International Regulatory Harmonization", mimeo, August 15, 2003.

[175] Strahan, P. and Weston J. "Small Business Lending and Bank Consolidation: Is There Cause for Concern?", www.ny.frb.org/rmanhome/curr - iss/ci2/3.pdf, 1996.

[176] Tarullo, Daniel. "Banking on Basel: the Future of International Financial Regulation", Washington, DC: Institute for International Economics, forthcoming.

[177] Thomas, F. Hellmann, Kevin C. Murdock and Joseph E. Stiglitz "Liberalization, Moral Hazard in Banking and Prudential Regulation: Are Capital Requirements Enough?", American Economic Review, Vol. 9, 2000: 147 - 165.

[178] Thomas Gehrig, Cities and the Geography of Financial Centers (London: Centre for Economic Policy Research, 1998), 6 - 13.

[179] Uiboupin J., Shortterm effects of foreign bank entry on bank performance in selected CEE countries [R]. Bank of Estonia Working Pa-

pers No. 2005 - 4.

[180] Von Thadden, Eric L. 2004. "Introduction to Bank Capital Adequacy Regulation Under the New Basel Accord", Journal of Financial Intermediation, 13, 90 - 95.

[181] Von Thadden, Eric L. "Introduction to Bank Capital Adequacy Regulation Under the New Basel Accord", Journal of Financial Intermediation, 2004, 13, 90 - 95.

[182] World Trade Organization. Annex on Financial Services, General Agreement on Trade in Services, Annex 1B of Annex 1 of Marrakesh Agreement Establishing the World Trade Organization [EB/OL]. http://www.wto.org./english/ info_ e/site_ e, htm. 2007 - 06 - 10.

[183] World Trade Organization. The Legal Texts, The Results of the Uruguay Round of Multilateral Trade Negotiations [M]. Cambridge: Cambridge University Press, 1999.

[184] World Trade Organization. I Horizontal Commit ments. Part II - Schedule of Specific Commit ments on Services. List of Article II MFN - Exemptions. Report of the Working Party on the Accession of China [R]. Geneva: World Trade Organization, 2001.

后 记

　　本书是在本人博士毕业论文的基础上,通过广泛征询多位业内专家和教授的意见,结合新的金融形势,进一步完善而成的新成果。2008年的国际金融危机渐行渐远,人们开始反思当今国际金融监管体系和架构,国际金融监管的协调与合作是各国监管机构面临的新课题。正是基于此,本人在毕业论文的基础上增加了第7章有关监管协调与合作的内容,具体从理论模型与国际惯例两个层面分析了国际金融监管的协调机制以及面临的问题。

　　本书从提笔到定稿得到蒋海教授的精心指导,从文章的主题、篇章结构的逻辑连贯性、理论模型的科学性、证实的有效性到结论的完备性和逻辑性等,他都提出了许多具体的意见和建议,使得本书在原论文基础上更加精练与完美;蒋老师学识渊博、治学严谨、待人平易近人,在他的悉心指导下,我不仅在专业知识方面收获很多,在待人处事方面也收益颇多;蒋老师求真务实、注重身教和待人宽容,他是我学生阶段最敬重的老师。

　　在论文的写作过程中,很多同学提出宝贵的意见,感谢邹承瑞同学对本书模型设计方面的宝贵意见;感谢王书斌和范世龙同学在实证方面的有益指导;感谢黄佳军同学在准入监管制度方面的建议;感谢杨翠花等多位同学;感谢中国金融出版社的戴早红、左文静、曹玉志和陈文芳老师,感谢他们对本书的精心修改。

　　感谢众多参考文献、资料的作者、编者、翻译者,没有他们的工作,我不能前进半步。他们的名字我已经尽力一一注出,如果还有遗漏,是我的疏忽,在这里表示歉意。

　　最后,我要特别感谢我的妻子黄梦云女士,正因为她的理解、支持、鼓励和帮助,我才能完成本书!

姜　鹏
2011年8月1日